동쪽의 밥상

Flavors from the East Sea

동쪽의 바다와
사람에 관한 이야기

동쪽의 밥상

엄경선 지음

개정판 / 책을 펴내며
바다에 뭇 생명이 다시 살아나기를 기다리며

    5년 만에 『동쪽의 밥상』 개정판을 내놓는다. 그동안 사람 사는 뭍 세상은 코로나 팬데믹으로 큰 혼란을 겪었다. 그리고 바다에도 큰 변화가 있었다. 동해에서는 5년 전까지만 해도 제법 잡히던 오징어와 도루묵, 도치가 지금은 잘 잡히지 않는다. 해마다 올해에만 이래야 할 텐데 하고 바라지만, 어획 부진은 몇 년째 이어지고 있다. 그 대신 방어는 물론이고 참다랑어(참치)와 정어리, 전갱이, 삼치 등 난류성 어족이 제법 눈에 띈다. 바다가 바뀌어가고 있는 것이다.

    꽤 오래된 일이다. 매주 금요일 꼬박 밤을 새워 한 주의 신문판을 마감하고 이른 아침에 동료들과 같이 속초항 어판장을 찾았다. 어판장에는 이른 아침 갓 잡아 온 오징어들이 이리저리 물을 뿜어댔고 많은 사람들로 북적였다. 우리는 어판장 한 구석에 있는 간이 테이블에 자리를 잡고 앉아, 가늘게 채 썰어진 오징어회를 초고추장에 찍어 입에 넣었다. 바닷물로 헹궈 짭조름한 맛이 배어 있는 산오징어회. 그때 바다는 하얗게 은빛으로 부서지며 출렁였다. 나는 지금도 살이 투명한 산오징어회 한 젓가락을 입에 넣을 때는 그 아침의 은빛 바다가 떠오른다. 이제 오징어 어획이 줄어들어 이런 맛과 멋을 여유롭게 즐기기는 더욱 어려워졌다.

기후 변화로 한 종의 물고기가 사라지면, 그것과 관련된 산업과 문화도 함께 사라진다. 명태, 도루묵을 비롯한 한류성 어종들이 사라지는 건, 북방에서 전해온 바다음식 맛이 사라지는 것과 같다. 수십 년 동안 남북이 분단으로 나뉘었어도 바다 물길은 막힘없이 흘러왔는데, 그나마 바다음식을 통해 공유해온 남북의 음식 문화는 앞으로 어떻게 달라질까. 그 변화의 와중에 『동쪽의 밥상』이 하나의 이정표가 되었으면 하는 바람이다.

이번 개정판에는 강원도 별미인 동치미 막국수와 장칼국수에 대한 이야기를 추가했다. 근래 늘어 여행객들이 많이 찾는 막국수와 장칼국수는 강원도 지역색이 물씬 배어 있는 지역문화의 산물이기도 하다. 또한 2019년 초판 발행 후에 바다음식들에 나타난 변화를 반영했고, 제대로 고증하지 못한 옛 문헌 내용도 바로 잡았다. 미처 초판본을 내놓을 때 발견하지 못한 오류와 실수도 이번 기회에 손을 보았다.

몇 년 전 필자는, 자신이 어렸을 때 속초 바닷가 마을에서 인어를 직접 목격했다는 할머니와 인터뷰를 한 적이 있다. 동쪽 바다의 사람들이 명태와 오징어, 도루묵을 맛있게 먹었다는 사실도 언젠가는 인어 목격담처럼 믿기 어려운 이야기처럼 들리지 않을까?

소중한 자연 산물을 하나둘 잃어가는 실종의 시대에 점점 우리의 밥상은 빈약해지는데, 풍요의 바다를 기억하고 옛 맛을 되살려 글을 쓴다는 건 죄송스러운 일이다. 그러나 사라져가는 바다 산물과 그 맛에 미련을 두는 일에는 황폐해진 바다에 뭇 생명이 다시 살아나기를 기다리는 간절함이 담겨 있다. 이 책을 통해 그 간절함을 다 같이 느껴보았으면 한다.

2025년 8월
엄경선

초판/ 책을 펴내며
동해의 슬하에서 태어난 것들의 사연

나는 동해안 바닷가에서 나고 자랐다. 명태잡이를 하는 가업 때문에 부둣가에도 자주 나가볼 수 있었다. 그때는 몰랐지만 먹을 게 많지 않았던 그 시절에 싱싱한 수산물을 맛볼 수 있었다는 건 큰 행운이었다.

이제 동해안에서도 제철 수산물을 맛보기가 점점 더 어려워지고 있다. 지구 온난화의 영향으로 인한 수온 변화와 무차별 남획, 어장의 황폐화로 바다가 메말라가고 있다. 과거 만선의 기쁨으로 활기가 넘치던 항포구는 찬바람만 날리고, 오랜 흉어로 많은 주민들이 떠나면서 어업 인구도 급격히 감소했다. 국민생선이라 불리던 동해안 명태가 이미 사라졌고, 지난 30년 사이에 오징어는 10분의 1로 줄었다. 예전에는 정말 흔해서 눈길도 주지 않았는데, 이제는 우리 식탁에 올리기에는 귀하디귀한 물고기가 되어버린 것들도 있다. 흔했을 때에는 그 가치를 몰랐고, 가치를 알고 나니 찾기가 힘들어진 것이다.

우리 삶은 별문제 없이 과거보다 더 풍요로워진 것이 사실이다. 물고기도 자연산이 없으면, 양식으로 대체해서 먹는다. 그도 아니면 수입산이 빈자리를 메운다. 점점 우리의 미각은 풍요로운 맛을 소비하는 데 익숙해져가고 있다. 그러나 무언가 아쉽다.

물론 배고픔을 달래기 위해 음식을 먹는 시절은 이미 지났다. 그러나 음식이란 혀끝의 미각만으로 맛볼 수 있는 것은 아니지 않을까? 하나의 음식이 식탁에 오르기까지는 참으로 많은 사람들의 손을 거친다. 즉 음식에는 여러 수고로움이 배어 있고 다채로운 삶의 이야기가 담겨 있다. 하찮아 보이는 반찬 한 가지조차도 그 나름의 맛과 멋이 있고 사연이 있고 문화를 품고 있다.

이 책은 영동 지역의 향토음식을 매개로, 오랫동안 쌓여온 이곳 사람들의 삶과 음식 문화를 다뤘다. 그러다 보니 멀리 시대를 거슬러 올라가 옛 문헌 속에 나오는 이야기도 찾고, 어린 시절 개인적인 추억도 더듬어봤다. 배를 타고 험한 바다로 나가는 친구의 사연, 새벽같이 시장에 나가 생선을 파는 지인의 이야기를 주워 모으기도 했다.

나는 여행을 많이 다녀보지 못해 다른 지역 음식을 먹어본 경험이 그다지 많지 않다. 하물며 물 건너 다른 나라 음식은 구경조차 못 한 것투성이다. 음식 관련 일에 종사해본 적도 없다. 그저 지역에서 글을 쓰다 보니 지난 시절 이 고장의 '집단 기억'을 더듬어 정리하는 데에 관심을 갖고 매달렸을 뿐이다.

음식에 대한 소견으로 치면 참 부족한 내가 감히 우리 지역의 밥상에 대해 끄적거린다는 게 가당치도 않은 일 아닌가 싶기도 하다. 다만 이 책이, 그저 스쳐 가듯 유명 맛집을 찾아가 인증샷을 날리기보다는 삶의 문화로서 지역 음식을 이해하고 맛보고자 하는 이들에게 조금의 생각거리라도 얹어줄 수 있지 않을까 기대해본다.

2020년 11월
강원도 속초에서
엄경선

개정판 | 책을 펴내며
바다에 뭇 생명이 다시 살아나기를 기다리며   4

초판 | 책을 펴내며
동해의 슬하에서 태어난 것들의 사연   7

1장 그 향이 사흘이 지나도 가시지 않았다더라

가자미 1	흰밥과 가재미와 나는	17
가자미 2	우리가 가장 사랑하는 가자미는	21
순채	가늘고 가벼워 은실 같구나	28
갯방풍	그 향이 사흘이 지나도 가시지 않았다더라	38
멸치	때는 마침 멸치 때니 후리꾼아 나오너라	47
양미리	늦가을 양미리 구워 먹는 맛	53
도루묵 1	도루묵의 추억	60
도루묵 2	이름 때문에 억울한 도루묵	69
대구	귀하디귀했던 생선, 대구	77
표범 태반	지금은 상상할 수 없는, 사라진 요리	86
도문대작	허균이 말한, 동해안의 먹을거리들	90

2장 랭면을 맛보고 애걸하거늘

젓갈	간이 잘 맞게 담가서 진상하라	101
식해 1	들큰새콤 삭아 있던 밥식해	109
식해 2	내가 죽게 되거든 옥에 식해를 넣어 알려달라	116
명태 1	여진의 살 냄새, 신라 백성의 그리움	125
명태 2	내 이름은 백 가지가 넘소	131
명태 3	통심이 쪄 먹으러 가자	141
소금	이곳은 본래 소금버덩의 고장	147
소금과 배	낙산사의 금표는 1백 보에 불과하고 바다는 지극히 넓은데	153
정어리	일본을 망하게 한 물고기	160
함흥냉면	랭면을 맛보고 애걸하거늘	164
동치미 막국수	강원도의 겨울 별미	174
장칼국수	매운 바람과 추위를 이기는 칼칼한 맛	184
털게	맥고모자를 쓰고 털게 청포채를 안주로 맥주를 마신다	193

3장 바다와 함께 울고 웃다

임연수어	강릉 부자가 그 껍질을 먹다가 망했다더라	205
오징어 1	산오징어의 잊히지 않는 맛	211
오징어 2	오징어순대, 그 맛이 각별했다	218
오징어 3	오징어 서약은 거짓 서약이라지만	228
도치와 물곰	심통 난 얼굴이어서 심퉁이래요	238
청어	산더미 같은 흰 물결이 하늘을 치는 곳엔	246
황어와 탁주	양양부사도 그 맛에 눈물을 흘렸다더라	250
홍게	박달대게는 온데간데없이 사라지고	254
아바이순대	고향 잔칫날 먹던 그리운 음식	262
섭죽	천하에 이 진품기물을 먹어본 자 몇몇이나 되는고	268
해난사고	바다와 함께 울고 웃다	279
실향민 음식 1	음식 하면 남쪽은 전라도, 북쪽은 함경도	285
실향민 음식 2	팥죽을 먹을 때 오그랑 넣지요	296
실향민 음식 3	농촌의 보릿고개가 어촌에도 있었다	304

책을 맺으며	309
미주	313
사진 출처	319

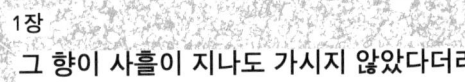

1장
그 향이 사흘이 지나도 가시지 않았다더라

가자미 1
흰밥과 가재미와 나는

동해 가까운 거리로 와서 나는 가재미와 가장 친하다. (…) 그저 한없이 착하고 정다운 가재미만이 흰밥과 빨간 고추장과 함께 가난하고 쓸쓸한 내 상에 한 끼도 빠지지 않고 오른다. — 백석 「가재미·나귀」 중 일부

어린 시절을 돌이켜보면, 이 지역의 대다수 가정에서는 생선회를 먹어도 날회가 아닌 회무침으로 먹었다. 가자미회만이 아니었다. 오징어, 청어, 멸치도 마찬가지였다. 오징어도 활어로 잡기 시작해 산오징어회가 항포구에서 일반화되기 전까지 여염집에서는 거의

날회를 먹지 않았다. 죽은 오징어 중에서도 싱싱한 걸 썰어서 배 또는 무, 식초, 고추장 등의 양념을 함께 넣어 버무려 먹었다. 생선회를 썰어서 날것으로 초장이나 간장을 찍어 먹는 날회 문화는 1980년대 이후 횟집에서 비롯된 것으로 보인다.

회무침의 문화는 궁핍의 산물이다. 일단 활어로 연근해 물고기를 살려 가져오기 시작한 게 1980년대 중반이다. 그 이전에는 대부분 선어(잡은 뒤에 피를 빼고 얼마간 숙성시킨 생선)로 먹었으며, 선어라고 해도 싱싱하고 값비싼 횟감은 내다 팔아야 했기에 감히 집에서 날생선을 먹을 엄두를 내지 못했다. 간혹 생선회를 먹을 때에는 항상 탈이 날 걸 걱정해야 했다. 그래서 먹었던 것이 회무침이다. 회무침을 만들 때도 자칫 탈이 날까 식초를 제법 넉넉히 넣어 무쳤다. 특히 멸치나 청어는 기름기가 많아 빨리 상하기도 하고 소화가 잘 안 되어 곧잘 체하기도 한 터라 날회로는 먹지 않고 회무침으로 먹었다. 요즘에는 멸치나 청어가 아닌 가자미 회무침이 주로 눈에 띈다.

시인 백석이 함흥에서 교사 생활을 하면서 쓴 연작시 중 「선우사膳友辭」가 있다. 선우膳友는 번역하자면 '반찬 친구'이니 '반찬 친구에게 하는 이야기'인 셈이

가자미

다. 이 시에 가자미가 나온다. "낡은 나조반에 흰밥도 가재미도 나도 나와 앉아서 / 쓸쓸한 저녁을 맞는다 // 흰밥과 가재미와 나는 / 우리들은 그 무슨 이야기라도 다 할 것 같다 / 우리들은 서로 미덥고 정답고 그리고 서로 좋구나 (…) 우리들은 모두 욕심이 없어 희여졌다 / 착하디착해서 세괏은[억센] 가시 하나 손아귀 하나 없다 / 너무나 정갈해서 이렇게 파리했다 // 우리들은 가난해도 서럽지 않다 / 우리들은 외로워할 까닭도 없다 / 그리고 누구 하나 부럽지도 않다 // 흰밥과 가재미와 나는 / 우리들이 같이 있으면 / 세상 같은 건 밖에 나도 좋을 것 같다"

옛날 중국에서 우리나라를 부르던 이름 중 '접역鰈域'이라는 것이 있다. 가자미가 많이 나는 지역이라는 뜻이다. 중국 한나라 때의 문헌 『이아爾雅』「석지釋地」 편을 보면 "동방에 가자미가 있는데, 서로 나란히 하지 않으면 다니지 못한다. 그 이름을 접이라고 한다"는 내용이 나온다. 가자미는 옛 문헌에서 비목어比目魚 또는 접接/鰈이라고 했다. 이 문헌에서는 날개와 눈이 한쪽에만 있어 짝을 짓지 않으면 날지 못한다는 비익조比翼鳥, 뿌리는 다르지만 서로 엉켜 한 나무처럼 자라는 연리지連理枝처럼 비목어 가자미도 눈이 하나밖에 없어 둘이 다녀야 하는 물고기라고 적었다.

    물론 가자미의 눈은 하나가 아니고 둘이다. 가자미 몸 한편에 두 개의 눈이 쏠려 있다. 그래서 『성호사설』에서 이익은 가자미에 대한 중국 문헌의 서술이 몸소 경험하지 않고 추측으로만 해설한 것이라며 비판했다. 그럼에도 옛 문헌의 내용을 따라 비목어(가자미)를 "외눈박이 물고기"라고 표현하는 문인들이 아직 많다. 시인 류시화는 자신의 시 「외눈박이 물고기의 사랑」에서 "외눈박이 물고기 비목比目처럼 / 목숨을 다해 사랑하고 싶다"고 말했고, 시인 정호승은 동화 『비목어』를 내면서 "비목어는 눈이 하나뿐이라서 늘 함께 다녀야 헤엄을 칠 수 있다"고 썼다. 이외에도 가자미를 다룬 문학작품이 꽤 많다. 눈이 하나냐 두 개냐라는 사실 여부를 떠나, 가자미가 우리 생활 속에서 얼마나 친숙한 생선이었는지를 새삼 생각해보게 된다.

가자미 2
우리가 가장 사랑하는 가자미는

　보통 어민들이 자망으로 잡거나 저인망으로 잡는 가자미 중 가장 흔한 것이 물가자미다. 가장 흔해서일까, 물가자미야말로 이 지역 사람들이 가장 사랑하는 가자미다. 물가자미는 가자미 중에서도 가장 수심이 깊은 곳(보통 수심 1백 미터 아래)에서 산다. 뼈가 물컹하다고 해서 그렇게 부른다는 이야기도 있고, '미주구리みずガレイ'라는 일본어 이름을 따라 그렇게 불렀다는 이야기도 있다.

물가자미는 다른 가자미에 비해 몸집은 크지만 두께가 얇고 살이 비칠 정도로 투명하다. 죽은 물가자미는 끈적이는 진액이 유난히 많다. 광어나 용가자미에 비하면 생긴 것도 볼품없고, 예전에는 참 흔해 값도 저렴했다. 그러나 잡히는 양이 많이 줄고 수요도 크게 늘어 이제는 금값이다.

가자미를 요리하는 방식은 무척 다양하다. 우선은 뼈째 썰어 먹는 방식이 있다. 굳이 살아 있는 물가자미가 아니어도 좋다. 잘 손질해서 뼈째로 썰어 가자미 회무침이나 뼈째회(일반적으로 세꼬시라는 말로 사용하지만, 이는 일본어 세고시せごし에서 온 말이다)를 해 먹는다. 참가자미는 조금 씨알이 굵다 싶으면 뼈가 억세지만, 물가자미는 뼈가 연해 뼈째 먹어도 전혀 부담이 없다. 뼈가 연해서 식해로 담그면 더욱 말랑말랑해진다.

물가자미회에 식초를 넣어 살이 꼬들꼬들해지면 매운 양념을 넣어 무쳐 냉면의 고명으로 얹는다. 바로 함흥식 회냉면이다. 어느 때부터인가 회냉면의 고명이 명태회, 다시 말해 코다리회로 바뀌었다. 물가자미가 귀해졌기 때문이라는 이야기도 있다. 서울의 유명 함흥냉면집에서는 회냉면에 홍어나 가오리를 얹어 내놓는다. 같은 회냉면임에도 맛은 다르다.

국수에 회를 얹어 먹는 회국수는 이 지역 특히 속초가 원조인 음식이다. 여기에 얹는 회가 다름 아닌 물가자미 회무침이다. 식초와 고추장, 양념으로 버무린 회무침에 국수를 비벼 먹으면 매운맛에 땀이 절로 나면서도 개운하다(이게 가자미 회국수다). 물가자미가 워낙 비싸거나 풍랑 때문에 배가 나가지 못해 싱싱한 횟감을 사지 못할 때는 냉동해둔 오징어로 회무침을 만들어 국수 위에 얹기도 했다(이건 오징어 회국수다).

물가자미는 조림으로도 많이 먹었다. 머리와 내장을 떼어내고 바닷바람이 잘 부는 곳에 걸어 적당히 말린 물가자미에 무, 간장, 고춧가루를 넣어 조린다. 지금도 해물요리 잘한다는 이 지역 식당에 가면 물가자미조림은 빼놓을 수 없는 주요 메뉴다. 명절에는 가자미로 전을 부치기도 한다. 제법 씨알이 굵은 물가자미를 적당히 말려서 전을 부쳐 먹으면 고소한 맛이 일품이다. 말린 가자미 그대로 기름을 두르고 구워 먹어도 맛이 좋다. 오래전 속초 장사항에 어민이 직접 운영하는 횟집이 있었다. 이 집에서 회를 시키면 먼저 물가자미구이를 내놓았다. 노릇노릇 구워 내놓은 가자미구

이가 얼마나 맛있던지 주 메뉴가 아니었음에도 한두 번 더 내놓아달라고 부탁할 정도였다.

동해 연안에서 잡히는 가자미 중에서도 홍가자미나 광어 등은 비싼 횟감에 속한다. 값 좋은 가자미는 모두 내다 팔기 때문에 그 맛을 보기가 어렵다. 그러다 보니 서민들의 음식 문화와는 거리가 멀어 보인다. 그중에서도 고급 횟감인 홍가자미는 배 쪽에 붉은색이 선명해 그렇게 불리며, 어민들은 이를 '아까가리アカガレイ'('아까'는 붉다는 의미)라고 부르기도 했다. 광어는 비교적 얕은 바다에 사는데 예전에는 일반 가정에서는 먹기가 쉽지 않았다. 또한 기름가자미라고 하여 가자미 중에서도 크기가 가장 큰 가자미가 있다. 이 또한 비싼 값에 팔려 나간다.

용가자미라는 것도 있다. 배가 하얗다. 시장에서 파는 반건조 가자미가 바로 이 용가자미다. 참가자미라고 해서 팔기도 하지만 노란 띠가 선명한 참가자미와는 다르다. 참가자미는 낚시에서 흔히 잡힌다. 손바닥만 한 크기로 하얀 배 쪽에 노란 줄무늬가 선명하다(그래서 참가자미를 노랑가자미라고도 부른다). 자라면서 그 줄무늬는 옅어진다. 갓 잡은 참가자미는 부둣가에서 그 지느러미와 머리를 자르고 껍질을 벗겨 직접 썰어서 낸다. 뼈째 함께 썰어 초장에 찍어 먹으면 참 맛있다. 그래서 참가자미라 부르는 걸까.

순채
가늘고 가벼워 은실 같구나

 순채는 수련과에 속하는 다년생 수초로, 잎과 줄기를 맑고 투명한 우무질이 두텁게 감싸고 있으며 호수 표면에 뜬 잎의 모양새가 연잎과 비슷하다. 옛 문헌을 보면 전국 곳곳의 연못에서 자생했음을 알 수 있지만, 일제강점기에 매해 전량이 일본으로 반출되었고 해방 후에는 서식 환경이 나빠지면서 대부분 사라지고 말았다. 지금은 멸종위기식물 2급으로 지정되어 보호될 정도로 희귀식물이 되어버렸다.

순채는 농약으로 오염되었거나 더러운 물에는 살 수 없다. 순채의 멸종 위기는 우리의 자연환경이 심각하게 오염되었음을 보여준다. 지금 제주도 말고는 내륙에서 유일하게 강원도 고성군 천진호 등 석호에 자생하고 있으니, 순채야말로 동해안 석호의 보물이다.

1994년부터 고성군 천진호에서는 자생하는 순채를 관리, 채취해 일본에 전량 수출했다. 그때 이미 전국에서 순채는 고성군 천진호와 전북 김제에서만 나오는 귀한 식물이었다. 마을 아낙들이 조각배에 올라 깨끗한 호수에 손을 담그고 고개를 들 틈도 없이 바삐 순채를 땄다. 순채의 수확 시기는 6월부터 9월까지로, 고성 천진호에서는 그 시기에 하루 150킬로그램가량을 수확했다. 순채는 따내는 즉시 삶아서 상품으로 포장한다. 향기가 좋고 씹는 맛이 독특해 일본에서는 귀한 식재료로 취급되며 조리법도 다양하다.

2000년대 초에는 생산 현지에서 소량으로 판매하기도 했다. 1킬로그램당 하품 1만 원, 중품 2만 원, 상품 2만 5천 원 등으로 파는 식이었다. 판매장에서는 오미자 끓인 물에 벌꿀과 순채를 넣은 순채차를 맛볼 수도 있었다. 2015년 여름에는 전남 담양 소쇄원에

을 예찬했다.

그렇다면 순채는 누가 먹는 음식이었을까? 어떤 이는 순채가 사대부나 궁중에서 먹던 귀한 음식이라고 말한다. 실제로 조선시대 순채는 궁궐에 진상하던 식재료였다. 연산군 때는 이 순채를 경상도와 전라도에서 물에 담아 오니 짓물러버리기 쉽다며 진상 방법을 개선할 것을 승정원에서 왕에게 아뢴 적이 있다. 그런데 무조건 궁중에 진상했다고 비싼 음식일까? 1808년에 쓰인 『만기요람』에는 전국에서 올라오는 공상供上의 가격과 양이 기록되어 있다. 이에 따르면 대전大殿(한양)에서는 순채를 항아리 한 개에 4냥으로 산정했다. 앵두 한 상자가 3냥 2전, 햅좁쌀 한 두 3냥 2전, 햅쌀 한 두 6냥, 수박 한 통 1냥, 살구 한 상자 3냥 2전이다. 이 정도라면 순채를 비싼 식자재라고 하긴 어려울 것 같다.

순채 예찬론자이자 조선을 대표하는 문장가였던 서거정은 자신의 시 「주소팔영廚蔬八詠」에서 여덟 가지 부엌 야채에 대해 평했다. 그 야채들은 대단한 식재료가 아니라 어느 여염집 부엌에서나 쉽게 볼 수 있는 토란, 고사리, 미나리, 배추, 순채, 냉이, 파, 생강 이렇게 여덟 가지다. 이처럼 순채는 일반 서민들도 충분히 즐길 수 있는 식자재였다. 많은 문헌에서 언급되었다고 사대부나 임금이 즐기던 고급음식이라고만 보는 것은 무리가 있다.

순채는 오래전부터 된장국에 넣어 끓여 먹거나 나물로 무쳐 먹었던 서민 음식이다. 그 밖에도 순채의 풍미를 제대로 즐기는 음식으로는 '순채화채'가 있다. 19세기의 여성생활백과인 『규합총서閨閤叢書』에는 순채의 어린잎을 오미잣국에 넣고 잣을 띄운 수정과로 '순정과蓴正果'가 소개되는데, 이것이 바로 순채화채라고 한다.

순챗국과 농어회는 가난한 선비가 안빈낙도의 삶을 자족할 때 꼭 인용하는 음식으로도 유명하다. 중국 진나라[晉] 때의 장한張翰이 황제에게 등용되어 벼슬을 했으나 가을바람이 불어오자 갑자기 고향 오중吳中의 순챗국과 농어회가 떠올랐다고 한다. 그러자 "인생살이에 있어서 뜻에 맞게 사는 것이 귀한 법인데, 어찌 벼슬에 얽매여서 수천 리 밖을 떠돌면서 명예와 관작을 노리겠는가"라고 말하고는 수레를 타고 고향으로 돌아갔다고 한다. 이로 인해 순채의 순蓴과 농어의 노鱸를 따서 순로蓴鱸라는 말이 생겼는데, 이는 "벼슬을 버리고 그리운 고향으로 돌아간다"는 뜻으로 쓰인다.

순챗국과 함께 거론된 농어회에 대해 알아보자. 농어는 한자어로 노어鱸魚로, 크기가 보통 1미터 정도 되며 우리나라와 일본, 중국 및 대만에서만 서식하는 귀한 토종 물고기다. 농어는 주로 서해안에서 많이 잡히고 간혹 동해안에서도 잡힌다. 『신증동국여지승람』과 『현산지』에는 양양의 산물로 올라와 있다. 정약용은 「탐진어가耽津漁歌」에서 "어촌 사람들은 복어만 좋다 하고 / 농어는 몽땅 털어 술과 바꿔 마신다네漁家只道江豚好, 盡放鱸魚博酒杯"라고 썼다.[2] 어민들한테도 별 인기가 없는 고기였다는 소리다.

정약용은 또 다른 글에서 이렇게 말하기도 했다. "농어는 한강에서 예로부터 많이 잡혔는데, 내가 식견이 없어 어떤 것이 농어인지 미처 몰랐다. 그러다가 『본초강목』에서 농어를 아주 훌륭한 물고기로 소개하는 바람에 어떤 고기인지 알고 싶어 어부에게 부탁해서 간신히 한 마리를 잡아서 회를 쳐서 맛을 보았다."[3] 비록 순챗국과 농어회로 그 이름은 널리 알려졌지만, 정작 사람들이 많이 찾지 않아 어떤 물고기인지 알 수가 없었다는 것이다.

앞서 중국의 고사에서는 가을바람이 불어 순챗국

과 농어회가 생각나서 고향으로 돌아간다고 했지만, 사실 농어는 가을이 아니라 여름이 제철이다. 봄부터 여름까지는 먹이를 따라서 얕은 바다와 하천 하구로 들어오고, 늦가을에는 산란을 위해 바다 깊은 곳으로 이동한다. 그러다 보니 여름철에 맛이 좋고 많이 잡힌다.

바닷물과 만나는 하천으로 거슬러 오르기를 좋아해 서울 한강을 비롯해 전국의 주요 하천 하구에서도 잡힌다. 특히 연안에서는 멸치나 학공치 떼를 쫓아서 들어오는 경우가 많다. 다만 지금 우리가 주로 먹는 농어는 95퍼센트 이상이 양식산이며, 그중에서도 중국산이 60퍼센트 이상이라고 한다. 그래서 동해안의 여느 횟집에서도 어렵지 않게 농어회를 맛볼 수 있다.

순챗국과 농어회, 옛이야기 속에서 훌륭한 음식으로 꼽히니 한 번쯤은 맛볼 일이다. 순챗국은 이제 쉽게 맛볼 수 있는 음식은 아니지만 다행히 순채 복원에 대한 사회적 관심도 많이 높아져 언젠가는 쉽게 순챗국을 먹어볼 수 있지 않을까 싶기도 하다.

강릉의 순포호는 그 이름이 순채에서 비롯되었는데, 호수 자체가 사라질 위기에서 벗어나 예전 모습을 되찾는 복원사업이 완료되었다. 하지만 옛 문헌에 순채로 뒤덮혀 장관을 이뤘다고 하는 고성군의 선유담이나 지금 거의 유일한 순채 서식지로 알려진 천진호의 보존과 복원 소식은 뚜렷하게 진행되는 게 없다.

옛 선비들이 꿈꾸었던 안빈낙도의 삶. 그 소박한 희망을 담은 한 그릇의 순챗국을 언제쯤이나 맛볼 수 있을까?

갯방풍
그 향이 사흘이 지나도 가시지 않았다더라

『도문대작屠門大嚼』은 우리나라 최초의 음식평론서로 손꼽힌다. 1611년 광해군 3년 허균이 함열현(현 익산시)으로 귀양을 갔을 당시 팔도의 특산과 음식에 대해 기록한 책이다. 당시 허균은 쌀겨마저도 부족해 상한 생선이나 감자, 들미나리를 먹거나, 어떤 때는 그것조차 없어 굶주린 배로 밤을 지새울 때가 많았다. 그리하여 먹는 것에 사치하는 이들에게 부귀영화는 무

보호될 정도로 희귀식물이 되어버렸다.

순채는 농약으로 오염되었거나 더러운 물에는 살 수 없다. 순채의 멸종 위기는 우리의 자연환경이 심각하게 오염되었음을 보여준다. 지금 제주도 말고는 내륙에서 유일하게 강원도 고성군 천진호 등 석호에 자생하고 있으니, 순채야말로 동해안 석호의 보물이다.

1994년부터 고성군 천진호에서는 자생하는 순채를 관리, 채취해 일본에 전량 수출했다. 그때 이미 전국에서 순채는 고성군 천진호와 전북 김제에서만 나오는 귀한 식물이었다. 마을 아낙들이 조각배에 올라 깨끗한 호수에 손을 담그고 고개를 들 틈도 없이 바삐 순채를 땄다. 순채의 수확 시기는 6월부터 9월까지로, 고성 천진호에서는 그 시기에 하루 150킬로그램가량을 수확했다. 순채는 따내는 즉시 삶아서 상품으로 포장한다. 향기가 좋고 씹는 맛이 독특해 일본에서는 귀한 식재료로 취급되며 조리법도 다양하다.

2000년대 초에는 생산 현지에서 소량으로 판매하기도 했다. 1킬로그램당 하품 1만 원, 중품 2만 원, 상품 2만 5천 원 등으로 파는 식이었다. 판매장에서는 오미자 끓인 물에 벌꿀과 순채를 넣은 순채차를 맛볼 수도 있었다. 2015년 여름에는 전남 담양 소쇄원에

서 옛 기록에 나오는 연못의 순채를 복원하기 위해 강원도 고성군의 순채를 캐다가 심기도 했다.

고성군만이 아니라 양양과 강릉의 옛 기록에도 순채가 나온다. 『신증동국여지승람』에는 강릉도호부와 고성군의 토산으로 순채[蓴]가 언급된다. 양양읍지인 『현산지』에도 양양의 물산으로 순채를 꼽았다. 다시 말해, 동해안에서도 유독 석호가 있던 고을의 특산이 바로 순채였던 것이다. 순채는 자연환경으로는 맑고 깨끗한 호수를, 인간사의 입장에서는 세속의 탐욕을 버리고 소탈한 생활의 의미를 함께 상징하는 식물이요 음식이라고 할 수 있다. 순채가 선비들로부터 사랑받았던 이유가 여기에 있다.

그렇다면 옛사람들은 순채를 재료로 어떤 음식을 만들었을까. 옛 문헌에서 순챗국에 대한 언급을 쉽게 찾아볼 수 있다. 당나라 시인 두보는 자신의 시에서 "누구와 같이 돌아와 순챗국을 찾을까誰與討蓴羹"라고 노래했다. 『동국이상국집』을 지은 고려시대 문인 이규보는 친구집에서 순채를 먹고 쓴 한시에서 "항상 속된 식물을 먹었기에 / 목구멍에 티끌이 끊이지 않았는데 / 오늘 순채를 먹으니 / 가늘고 가벼워 은실 같구나 常食俗物, 喉底煙塵生, 今日啖此菜, 縷縷銀絲輕"라며 순채의 맛

쓰인다.

순챗국과 함께 거론된 농어회에 대해 알아보자. 농어는 한자어로 노어鱸魚로, 크기가 보통 1미터 정도 되며 우리나라와 일본, 중국 및 대만에서만 서식하는 귀한 토종 물고기다. 농어는 주로 서해안에서 많이 잡히고 간혹 동해안에서도 잡힌다. 『신증동국여지승람』과 『현산지』에는 양양의 산물로 올라와 있다. 정약용은 「탐진어가耽津漁歌」에서 "어촌 사람들은 복어만 좋다 하고 / 농어는 몽땅 털어 술과 바꿔 마신다네漁家只道江豚好, 盡放鱸魚博酒杯"라고 썼다.[2] 어민들한테도 별 인기가 없는 고기였다는 소리다.

정약용은 또 다른 글에서 이렇게 말하기도 했다. "농어는 한강에서 예로부터 많이 잡혔는데, 내가 식견이 없어 어떤 것이 농어인지 미처 몰랐다. 그러다가 『본초강목』에서 농어를 아주 훌륭한 물고기로 소개하는 바람에 어떤 고기인지 알고 싶어 어부에게 부탁해서 간신히 한 마리를 잡아서 회를 쳐서 맛을 보았다."[3] 비록 순챗국과 농어회로 그 이름은 널리 알려졌지만, 정작 사람들이 많이 찾지 않아 어떤 물고기인지 알 수가 없었다는 것이다.

앞서 중국의 고사에서는 가을바람이 불어 순챗국

과 농어회가 생각나서 고향으로 돌아간다고 했지만, 사실 농어는 가을이 아니라 여름이 제철이다. 봄부터 여름까지는 먹이를 따라서 얕은 바다와 하천 하구로 들어오고, 늦가을에는 산란을 위해 바다 깊은 곳으로 이동한다. 그러다 보니 여름철에 맛이 좋고 많이 잡힌다.

바닷물과 만나는 하천으로 거슬러 오르기를 좋아해 서울 한강을 비롯해 전국의 주요 하천 하구에서도 잡힌다. 특히 연안에서는 멸치나 학공치 떼를 쫓아서 들어오는 경우가 많다. 다만 지금 우리가 주로 먹는 농어는 95퍼센트 이상이 양식산이며, 그중에서도 중국산이 60퍼센트 이상이라고 한다. 그래서 동해안의 여느 횟집에서도 어렵지 않게 농어회를 맛볼 수 있다.

순챗국과 농어회, 옛이야기 속에서 훌륭한 음식으로 꼽히니 한 번쯤은 맛볼 일이다. 순챗국은 이제 쉽게 맛볼 수 있는 음식은 아니지만 다행히 순채 복원에 대한 사회적 관심도 많이 높아져 언젠가는 쉽게 순챗국을 먹어볼 수 있지 않을까 싶기도 하다.

강릉의 순포호는 그 이름이 순채에서 비롯되었는데, 호수 자체가 사라질 위기에서 벗어나 예전 모습을 되찾는 복원사업이 완료되었다. 하지만 옛 문헌에 순채로 뒤덮혀 장관을 이뤘다고 하는 고성군의 선유담이나 지금 거의 유일한 순채 서식지로 알려진 천진호의 보존과 복원 소식은 뚜렷하게 진행되는 게 없다.

    옛 선비들이 꿈꾸었던 안빈낙도의 삶. 그 소박한 희망을 담은 한 그릇의 순챗국을 언제쯤이나 맛볼 수 있을까?

갯방풍
그 향이 사흘이 지나도 가시지 않았다더라

『도문대작屠門大嚼』은 우리나라 최초의 음식평론서로 손꼽힌다. 1611년 광해군 3년 허균이 함열현(현 익산시)으로 귀양을 갔을 당시 팔도의 특산과 음식에 대해 기록한 책이다. 당시 허균은 쌀겨마저도 부족해 상한 생선이나 감자, 들미나리를 먹거나, 어떤 때는 그것조차 없어 굶주린 배로 밤을 지새울 때가 많았다. 그리하여 먹는 것에 사치하는 이들에게 부귀영화는 무상할 뿐이라는 것을 일깨우고 배고픈 자신을 스스로 위로하고자 자신이 귀양 전에 먹어보았던 음식의 맛을 적어놓았다. 그것이 바로 이 책이다.

'도문대작'의 뜻은 '푸줏간 앞을 지나가면서 입맛을 다시다'로, 실제로는 먹지 못하고 먹는 흉내만 내며 자족함을 가리킨다. 이 책에서 허균은 자신의 고향인 강릉뿐만 아니라 인근 지역의 음식에 대해서도 상세히 거론했다. 그리고 이 책 첫머리에 최고의 진미로 소개한 것이 바로 강릉의 갯방풍죽이다.

> 나의 외가는 강릉이다. 그곳에는 방풍이 많이 난다. 2월이면 그곳 사람들은 해가 뜨기 전에 이슬을 맞으며 처음 돋아난 싹을 딴다. 곱게 찧은 쌀로 죽을 끓이는데, 반쯤 익었을 때 방풍 싹을 넣는다. 다 끓으면 차가운 사기 그릇에 담아 뜨뜻할 때 먹는데 달콤한 향기가 입에 가득하여 사흘 동안 가시지 않는다. 세속에서는 참으로 상품의 진미다. 나중에 요산(현 황해북도 수안군)에 있을 때 시험 삼아 한번 끓여 먹어보았더니 강릉에서 먹던 맛에는 어림도 없었다.[4]

얼마나 맛있으면 입안에서 향이 사흘이 지나도 가시지 않는다고 했을까? 여기서 말하는 방풍은 갯방풍이다. 허균이 태어난 외가는 강릉 사천, 친가는 경포호 인근 초당인데, 두 곳 모두 바닷가와 가까운 곳으로 예로부터 갯방풍이 나는 곳이다.

갯방풍은 주로 바닷가 모래사장에 자생하는 다년생 식물로 줄기의 길이가 20센티미터 정도이고 뿌리는 10~20센티미터에 이른다. 잎 가장자리가 톱니 모양으로 뾰족한 게 특징이다. 해방풍海防風이라고도 한다. 어린잎은 맛과 향기가 좋아 죽에 섞어 먹었고, 뿌리는 한방에서 해열진통제로 쓰여왔다.

갯방풍은 방풍의 일종이다. 고혈압에 좋고 풍을 다스려, 예부터 풍을 치료한다고 해서 방풍防風이라고 이름이 붙었다. 같은 방풍으로 불리지만 우리가 흔히 알고 있는 방풍나물은 갯기름나물 또는 식방풍으로 불린다. 갯방풍과 방풍나물은 생김새나 식감, 향이 다르다. 방풍나물은 향이 약한 반면, 갯방풍 잎은 향이 좋고 진하다. 씹으면 입안에 향이 가득 퍼진다.

같은 방풍의 일종으로 원방풍이 있다. 중국 북부지방의 건조한 초원이나 산비탈에서 자란다. 한약재로 우리나라에 수입된다. 중국 당나라 시인 백낙천白

樂天은 서른두 살에 과거에 합격한 뒤에 시 백여 편을 지어 유명세를 탔다. 이 이야기가 궁궐에까지 흘러들어가 당나라 헌종이 그를 한림학사에 임명했는데 이때 방풍죽을 한 그릇 하사했다고 한다. 백낙천이 이 죽을 먹은 뒤 그 향이 입가에 7일이나 감돌았다는 이야기가 전해온다.[5] 이처럼 방풍죽은 문덕이 높은 신하에게 나라의 왕이 하사했을 정도로 귀한 음식으로 알려져왔다. 조선의 사대부들이 귀하게 여길 만한 음식인 셈이다.

1946년 육당 최남선이 지은 『조선상식문답』에는 지방의 이름 높은 음식으로 개성의 엿과 저육猪肉(제육), 해주의 승가기勝佳妓(잉어와 조기로 도미국수처럼 만든 음식. 풍류와 기생보다 더 낫다는 뜻으로 승기악탕이라고도 불렸다), 평양의 냉면과 어복장국,[6] 의주의 왕만두, 전주의 콩나물, 진주의 비빔밥, 대구의 육개장, 회양의 정과正果(곰의 기름), 산수갑산의 돌배말국, 함경남도 이원군 차호항의 홍합죽과 함께 강릉의 갯방풍죽을 들고 있다.

여러 문헌들이 기록해놓은 것처럼 강릉의 갯방풍죽은 우리나라 지역 별미음식의 하나로 손꼽혔다. 강릉에서는 2011년 전통 향토음식으로 갯방풍죽을 재

현해 상품화를 시도하기도 했다. 그러나 아직 이를 판매하는 식당은 없다.

그렇다면 갯방풍죽은 강릉에서만 먹는 음식이었을까? 갯방풍은 지금도 사람들 손을 타지 않는 동해안 모래사장에서 쉽게 볼 수 있는 자생식물이다. 홍인우洪仁祐의 『관동록』에는 지금의 속초 영랑호 인근 바닷가에 갯방풍이 어지러이 나 있었다고 기록되어 있다.

> (간성군에서 양양군으로) 다시 남쪽으로 5리를 가니 넓은 호수가 나왔다. 또 10리를 가니 영랑호가 있었는데, 그 둘레는 20여 리나 됨 직하다. 굽이져 도는 호수의 물가에는 온통 기암괴석이다. 호수 동쪽의 뚝 잘린 작은 봉우리는 호수 속에 잠겨 있었다. 바닷길 곳곳에는 갯방풍이 어지러이 나 있어, 하인을 시켜서 수백 뿌리를 채취하도록 했다.[7]

바쁜 갈 길에도 하인을 시켜 수백 뿌리를 채취하도록 한 갯방풍. 약재로도 귀하게 쓰이던 당시에도 동해안 석호와 바닷가 모래사장에는 흔하디흔한 게 갯방풍이었다.

약재가 되는 뿌리를 채취한 것만이 아니라 동해안 사람들은 이른 봄이면 갯방풍의 새순으로 죽을 쒀 먹고, 이를 나물로 무쳐 먹었을 것이다. 그뿐 아니다. 갯방풍을 섞어 담근 홍합젓이 그야말로 일품이라는 기록 또한 있다.[8] 조선시대에 간성에서는 이 방풍홍합젓을 1년에 딱 한 번 3월에만 왕에게 진상했다고 한다. 갯방풍 순의 향을 머금은 홍합젓. 그 맛은 어떨지 한번 상상해보자.

최근 들어 동해안에서도 갯방풍 재배가 늘어나고 있다. 2018년에는 국제슬로푸드한국협회에서 울진의 '갯방풍'을 우리나라 '맛의 방주' 100호로 등재했다. '맛의 방주 프로젝트'는 멸종 위기에 처한 식품을 보존하기 위해 진행하는 국제 캠페인이다.

자연 갯방풍은 여전히 멸종 위기에 처해 있다. 갯방풍이 풍을 막아주고 몸에 좋다고 알려지면서 갯방풍 자연 군락지가 심하게 훼손되기도 했다. 지금 강원도 고성군에서는 해안가 갯방풍 채취를 금지해 군락지를 보호 중이다. 그러나 어려움은 이뿐만이 아니다. 동해안의 대다수 해안사구가 해안 침식과 관광지 개발로 크게 훼손되고 있기 때문이다. 갯방풍뿐만 아니라 수십 종의 염생식물 서식지도 함께 사라질 위기에

놓여 있다.

    이른 봄에 갓 올라온 햇순으로 쑨 갯방풍죽, 그리고 방풍홍합젓. 이 음식들을 동해안의 대표 별미로 복원했으면 하는 바람이다. 사흘이나 입안에서 가시지 않는다는 갯방풍의 향을 제대로 느껴보고 싶다.

멸치
때는 마침 멸치 때니 후리꾼아 나오너라

　동해안에서 주로 잡히는 멸치는 우리가 흔히 먹는 멸치보다 큰, 10센티미터 내외의 크기다. 일제강점기에도 동해안 강원도 어장에서 잡힌 대우진온大羽眞鰮이라는 이름의 큰 멸치와, 동해안 남부에서 잡힌 중우中羽라는 중간 멸치로 그 크기를 구별했다. 소우小羽는 4센티미터 내외, 중우는 6센티미터 내외, 대우大羽는 9센티미터 내외의 크기를 말한다.[9]

어린 시절을 떠올리면, 봄철에 제법 멸치가 많이 났던 기억이 난다. 갓 잡은 싱싱한 멸치를 손질해 식초를 넣어 만든 멸치회무침은 기름기가 많아 고소한 맛이 일품이다. 멸치를 손질해서 적당하게 말린 것을 조려 먹기도 했다. 봄철 멸치로는 젓도 담갔다.

멸치로 만든 것 중에서 최고 음식은 역시 젓갈이다. 멸치젓은 새우젓과 더불어 우리나라 2대 젓갈의 하나로 손꼽힌다. 기름기가 많고 살이 단단하지 않은 데다 기온이 제법 높은 봄철에 잡히다 보니 장기간 먹으려면 염장을 해야 했다. 봄철 어획기에 멸치젓을 담가 반찬으로 먹기도 하고, 가을 김장철에는 젓국을 달여 김장김치에 넣었다.

영동 지역에서는 명란젓과 창난젓 등 반찬 젓갈은 발달했지만, 서해와 남해에서처럼 김장 젓갈은 크게 발달하지 않았다. 김장 젓갈로는 사실 멸치젓이 유일하지 않나 싶다. 지금도 동해안에 인접한 지역의 수산시장에 가면 어느 젓갈 가게에서나 멸치젓을 구입할 수 있다. 하얀 밥에 얹어 먹으면 짭조름하면서 차진 육질을 씹는 맛이 좋다.

동해안 어민들은 지금도 멸치라 부르지 않고, 메르치 또는 메리치라고 부른다. 1920, 30년대 신문을 보면 멸치와 메리치, 메르치라는 표기가 함께 나온다. 나중에 우리나라 최고의 수산학 권위자가 된 정문기 씨는 1939년 6월 16일자 『동아일보』에 실린 「조선 중요 수산물: 멸치」에서, 멸치라는 명칭은 전라도와 경상도에서 부르는 명칭이며 경기도와 함경도 일부 지방에서는 메르치 또는 메레치로 부른다고 썼다.

구한말에도 동해안에서 멸치를 많이 잡았다. 이를 고증하는 당시의 신문기사들이 많지만 이 책에서는 일제강점기의 대표 월간지 중 하나였던 『별건곤別乾坤』에 실린, 양양의 박관옥 씨가 투고한 「메리치잡이, 강원도 양양군 지방색」을 소개하고자 한다.[10]

때는 맛침 멜치 때니 한마듸 이약이 하고저 함니다. 강원도 연안 양양에서 멜치가 만히 나는데 우리 지방에서 한 일을 이약이 하고저 함니다. 요 몃칠 전 일이엿슴니다. 아침밥 먹고 뜰에 나와 놀고 잇는 중 멀니서 들려오는 급한 소리가 잇섯슴니다. 귀를 기우리고 자세히 들은즉 황급한 듯이
"후리꾼아 나오나라 나오나라 후리꾼아 나오나라 나오나라"
하는 급한 소리엿슴니다. (…) 장관長官(후리꾼 지휘

자)은 청색 깃발을 바다로 향하야 치면서 빨니빨니 나오라는 신호를 함니다. 우리 부하들은 후리를 실으면서 탄성을 지릅니다.

"후리꾼아 정신 차려 앵에 압바다에 고기 논다 앵에…"

후리꾼들은 땀을 뚝뚝 떨구면서 힘을 다하야 다리고 나니 후리는 육지로 분에 8이 나왓슴니다. (…) 장관은 청색 적색 깃발을 급히 휘둘느면서 고기를 육지로 퍼 올나라고 명령함니다. 우리는 명령이 뚝 떠러지자 고기 퍼내는 쪽때를 들고 퍼내면서 또 한마듸의 소리가 나옵니다.

"가래로세 에양에 가래로세 에양에…"

안동리의 남녀노소들은 싸리바굼이를 들고 고기 주으러 나옵니다. (…) 우리는 후리꾼의 한 사람이니 모래를 끼언저서 쫏차 보내랴고 하나 어듸 가 줌니까? 모래를 맛던지 물에 빠지던지 사생을 생각치 안코 고기 줏는 것이 퍽 자미잇지요. (…) 장관은 추으면 막걸리 한 동의 갓다 먹으라고 하지요. 우리는 조타고 멜치국에 막걸리 잔이나 어더 먹는 것이 참으로 큰 자미올시다. 이것도 우리 어촌의 특색이라 할넌지요.

멸치

이 글에서는 양양 해안마을에서 후릿그물(여럿이 두 끝을 끌어당겨 잡는 큰 그물)로 멸치를 잡는 장면을 생생하게 보여주고 있다. 요약하면 다음과 같다. 작업 전체를 총 지휘하는 자(장관)가 멸치가 들어왔다고 "후리꾼아 나오나라 나오나라" 소리를 외친다. 이 소리를 들은 마을의 후리꾼들이 바닷가로 모여든다. 장관이 청색 깃발을 바다 쪽으로 흔들면 "후리꾼아 정신 차려 앵에 / 압바다에 고기 논다 앵에" 하는 소리를 하며 그물을 배에 싣고 바다로 나간다. 그물을 놓으라는 장관의 한마디에 후리꾼들이 "맥여라 노아라"라고 함께 소리를 하면서 그물을 바다에 펼친다.

　이어서 장관이 적색 깃발을 육지를 향해 흔들면 땀을 뚝뚝 떨구며 힘을 다하여 그물을 당긴다. 배에서는 그물에 멸치가 든 것을 확인하고는 꼬리가 길다란 백색 깃발을 매단다. 장관이 다시 청색과 적색 깃발을 급히 휘두르면서 고기를 육지로 퍼 올리라고 명령하면, 후리꾼들은 "가래로세 에양에" 소리를 하며 고기 잡는 기구인 족대(강원도 사투리로 쪽대)로 멸치를 퍼낸다. 그때쯤 마을의 남녀노소 주민들이 싸리바구니를 들고 고기를 주우러 나온다. 후리꾼들은 모래를 끼얹으며 쫓아보지만 말을 듣지 않는다. 작업이 다 끝나고 다들 멸칫국에 막걸리 한잔씩 마신다.

 지금도 모래 해변이 좋은 양양군 손양면 동호리 마을에는 전통 방식의 멸치후리기 체험이 열린다. 속초 동명항도 항포구를 매립하기 전에는 바닷가 모래사장이었다. 이곳에서도 멸치잡이가 크게 성행했다. 언젠가 멸치의 대풍이 있는 날 연안 한편에 앉아 멸칫국, 멸치회무침에 막걸리를 한잔할 수 있지 않을까 기대해본다.

양미리
늦가을 양미리 구워 먹는 맛

　늦가을 마당에 불을 피워놓고 구워 먹는 양미리는 동해안 사람들의 별미다. 서해안에 집 나간 며느리가 돌아온다는 '전어'가 있다면, 동해안에는 집 나간 며느리까지 불러올 수는 없겠지만 도시로 간 자식 손주를 모두 불러 모으기에 충분한 매력을 가진 양미리가 있다.

　양미리는 양메리라고도 쓰였고, 사투리로 앵미리

라고도 했다. 학술적으로는 '까나리'로 남서해안의 까나리와 같은 종이라고 하지만, 동해안 양미리는 남서해안 까나리보다 훨씬 크고 유전 형질도 조금 다르다.[1] 양미리는 보통 10월 하순부터 12월 말까지 많이 난다. 해에 따라 어획량이 들쑥날쑥하다. 많이 날 때는 그 양이 차고 넘쳐서, 1930년대 초반의 신문기사를 보면 당시 양미리를 비료로 사용하려는 농민들이 이를 연료(땔감)와 교환했다는 내용이 나오기도 한다.

양미리는 모랫속에 파묻혀 있다가 동이 틀 무렵에 먹이를 찾아 올라온다. 양미리의 생태가 이렇다 보니 과거에는 산소를 공급하는 호스를 부착한 잠수복을 입고 '머구리'들이 바닷속에 들어갔다. 그러고는 머구리들이 모래 위에 이미 펼쳐져 있는 그물을 발로 밟으면 모랫속에 숨어 있던 양미리들이 놀라서 그물로 나와 걸리는 방식으로 잡았다. 지금 동해안에서 머구리들이 남아 활동하는 지역은 거의 없다. 이제는 군데군데 돌을 매단 그물로 물 속 모래밭을 덮어 모래 속에서 튀어 올라오는 양미리를 잡는다. 본격 산란기에 접어드는 12월에는 그물을 바닥에 깔지 않고 물 속에 수직으로 세워 지나가는 양미리떼를 잡는다. 한 해 양미리 조업은 10월 중순에 시작해 1월 초에 끝난다. 새벽 4시에 출어해 새벽 5시에 그물을 놓고, 보통 하루에 세 번 당긴다. 양미리 조업 철에는 속초 수복기념탑 앞 부두에서 양미리를 그물에서 떼어내는 진풍경을 볼 수 있다. 예전에는 속초에서 양미리 배가 삼사십 척이 되었는데, 지금은 어획량도 줄고 일할 사람도 구하기 쉽지 않아 열 척이 채 되지 않는다.

과거 명태잡이가 한창일 때에는 양미리가 명태낚시 미끼로 쓰였다. 양미리를 소금에 절여 보관했다가 작은 크기로 썰어서 손으로 일일이 낚싯바늘에 끼워 가지런히 낚시함지에 얹었다. 명태가 많이 날 때에는 밤새워 미끼를 끼우곤 했다. 양미리는 양어장 활어 사료로도 팔려 나갔다. 영양이 많아 출하를 앞둔 광어 등을 살찌우는 데에는 양미리를 최고로 쳤다.

동해안 사람들은 서쪽의 웅장한 산들 중턱에 단풍이 내려오는 10월 중하순이면 은근히 입맛을 다신다. 올해 양미리가 언제쯤 나올까 기다리는 것이다. 그해 나오는 양미리구이를 먹지 않으면 무언가 빠뜨린 게 있는 듯 허전해진다. 양미리구이와 봄철 산오징어회 한 접시는 연례 행사처럼 이 지역 사람들의 뇌리에 새겨져 있다.

특히 양미리가 집중적으로 잡히는 속초 지역의 사

람들은 이렇게 말한다. 양미리구이 맛을 모르고는 속초를 안다고 하지 말라고. 이 맛은 비싼 돈을 주고 알 필요가 없다. 5, 6년 전만 해도 한 두름(20마리)에 3천 원, 좀 비싸더라도 5천 원 수준이었는데, 지금은 어획량이 줄어 값이 두 배 정도 올랐다. 그래도 한 두름만 구워 먹어도 배가 부르다. 말만 잘 하면 덤으로 몇 마리 더 얹어준다. 물론 식당이나 판매장에 가서 먹으면 값을 좀 더 치러야 한다. 어쨌거나 주머니가 홀쭉한 이들도 배불리 먹을 수 있는 자연산 생선이 바로 이 양미리다.

양미리를 구워 먹는 데에 특별한 비법이 있는 것도 아니다. 양미리는 살이 연해서 불길이 닿기만 하면 금세 익는다. 도루묵은 살이 두터워 잘 익지 않아 조금만 잘못하면 타버리지만, 양미리야말로 '구워 먹기 좋게 생겨먹은' 생선이다. 싱싱한 양미리에 굵은 소금을 적당히 뿌린 뒤 불에 올려놓고 젓가락으로 한두 번 뒤척이면 노릇노릇 구워진다. 기름이 살짝 배어 나오면 입안에 넣고 후루룩 뼈와 머리만 발라내면 된다. 알배기 양미리는 더 고소하다. 다만 알배기만 골라 사려면 웃돈을 조금 더 얹어줘야 한다.

양미리와 도루묵이 나는 가을철이면 수산시장은

양미리

정신없이 바쁘다. 전국에서 양미리와 도루묵 주문 물량이 폭주하기 때문이다. 연중 양미리와 도루묵이 나는 철에 택배 물량이 가장 많다. 자기 차를 갖고 택배업을 하는 친구들도 이때만큼은 입이 벌어진다.

늦가을에 나오는 양미리와 도루묵, 싱퉁이(도치)는 지역 주민의 소중한 식량이다. 늦가을 고성 왕곡마을에 가면, 감나무에 빨간 감이 주렁주렁 열리는 초가집 뒤안의 처마 끝에 매달아놓은 싱퉁이와 양미리를 쉽게 만나볼 수 있다. 말린 싱퉁이와 양미리는 그 계절 내내 먹어도 그리 물리지 않는, 훌륭한 겨울나기 음식이 된다.

도루묵 1
도루묵의 추억

　동해안 특히 속초 사람들은 도루묵 알에 대한 추억을 하나씩은 갖고 있을 테다. 겨울의 초입으로 들어서는 때가 되면, 연안에 산란해놓은 도루묵 알이 이미 딱딱해져 질기다. 어금니로 꽉 씹어야만 알들이 터지면서 단물이 나온다. 마땅한 군것질거리나 간식거리가 없던 시절에는 이 도루묵 알이 훌륭한 간식이었다. 구멍가게 하얀 양은쟁반 위에 10원, 20원에 몇 개씩 팔던 알을 씹고는 껍질을 "퉤" 하고 뱉었다. 그러다 보니 길가에는 온통 하얗게 도루묵 알껍질이 쌓이기도 했다. 이제 도루묵 알을 씹어 먹는 풍경은 찾아볼 수 없다. 지금은 어자원 보호를 위해 도루묵 알 채취를 금지하고 있다.

어떤 이에게 도루묵은 지겹고도 물리는 생선이기도 했다. 값이 싸다 보니 가난한 집에서는 도루묵 철에 이를 많이 사다 들여와서는 항아리에 소금을 넣고 절여놓았다. 겨우내 그 집 밥상에는 도루묵조림이 올라왔다. 아무리 맛 좋은 생선도 한두 번이지, 늘상 밥상에 마주하고 있으면 싫증 나는 법이다.

1960, 70년대 동해안에 명태가 많이 잡힐 때, 잡히라는 명태는 안 잡히고 그물에 하얗게 도루묵 떼가 걸려 오기 일쑤여서 어민들이 난감해했다. 크기도 작을 뿐만 아니라 머리에 뾰족한 가시가 있어 그물에서 떼어내는 데 손이 많이 갔기 때문이다. 그러다가 가시에 손가락이 찔리면 생손을 크게 앓기도 했다. 약을 발라도 잘 아물지 않았다.

힘들게 떼어내도 돈이 안 되는 도루묵을 사 가려는 장사꾼이 없었다. 결국 갓 잡은 도루묵을 리어카에 싣고 시장으로 나가 헐값에 직접 내다 파는 수밖에. 그러니 어민들로서는 도루묵이 잡히는 것이 영 반갑지 않았다. 도루묵이나 양미리가 많이 잡힐 땐 이를 식용으로 먹지 않았다. 거름으로 쓰려고 밭에다 파묻기도 했고, 어분사료공장이 생기고 나서는 사료로 만들어 팔기도 했다.

이렇게 흔하디흔했던 도루묵이 금값 대접을 받기 시작한 건 1970년대 후반부터다. 그전까지 사료용으로 일본에 수출되던 도루묵이 식품으로 가공되어 수출되기 시작했다. 일본에서 도루묵이 아동 급식용으로 각광을 받으면서 공급이 부족해지자 한국에서 수입하게 된 것이다. 특히 고단백질 덩어리로 알려진 도루묵 알이 큰 인기를 끌었다. 이렇게 도루묵이 잡히는 대로 전량 일본으로 수출되면서 금값이 되어버리자 동해안 지역에서 도루묵의 자취를 찾을 수가 없었다. 어획량도 급감했고 설사 잡더라도 그 값이 비싸서 감히 밥상에 올릴 수가 없었다.

도루묵이 어획 부진으로 품귀 현상을 빚자 1989년에는 어느 대기업이 북한산 도루묵 1백 톤을 수입해 전량 가공해 일본에 수출하기도 했다. 도루묵의 일본 수출은 2000년대 중반까지 계속되었다. 그러다가 2006년 강원도의 도루묵 수출이 전년 대비 42퍼센트 감소했다는 기사가 확인된다. 2000년대 들어 중국, 북한산 도루묵의 저가 공세로 수출길이 점차 막혀 버린 것이다.

도루묵이 우리 밥상에 다시 오르게 된 것은 2000년대부터다. 그동안 자원 보호 노력이 결실을 맺었고, 특히 인공 부화 성공으로 치어를 대량 방류해 개체수가 늘어난 덕분이다. 도루묵 인공 부화 성공 소식은 2000년에 처음 들려왔다. 그해 4월 국립수산진흥원(현 국립수산과학원)에서 도루묵 알 50만 개를 채란해 3센티미터 크기의 인공 종묘 10만 마리를 생산하는 데 성공했다. 2009년 2월에는 고성군의 우주수산에서 국내 처음으로 인공 종묘를 대량 생산해 무상으로 거진항 앞바다에 치어 30만 마리를 방류했다. 다음 해 3월에는 강원도 수산자원연구소에서 인공 종묘 시험 생산에 성공해 치어 5만 마리를 속초시 연안에 방류했다. (최초의 도루묵 인공 종묘 생산이 2000년인지, 2009년인지, 2010년인지는 불분명하다. 다들 최초라고 하니 도루묵 이름과 관련한 논란만큼이나 혼란스럽다.)

2007년부터 도루묵이 많이 잡히자 축제도 개최하게 되었다. 2009년 양양 물치항에서 처음으로 도루묵축제를 열었고, 2013년부터는 속초에서도 알도루

묵축제를 시작했다. 2012년부터 도루묵 어획량이 급격히 늘면서 그야말로 난리가 났다. 워낙 많이 잡히다 보니 그 값이 헐값으로 떨어졌다. 심지어 통발을 부둣가나 바닷가에 던져놓으면 서너 시간 안에 손바닥만 한 크기의 도루묵이 그 안에 가득 차곤 했다. 2015년 12월에는 고성군 대진리에 도루묵 알이 밀려 들어와 온통 백사장을 뒤덮는 기이한 일이 벌어지기도 했다.

매년 11월 찬바람이 불면 제철의 도루묵을 먹으러 동해안에 가보자. 축제 기간 중 행사장을 찾아가도 좋고 포장마차 형태의 야식집을 찾아도 좋다. 이 계절에 동해안에서 도루묵 요리를 먹어보지 못한다면 크게 후회할 일이다.

무엇보다 알도루묵구이가 최고 인기다. 도루묵 알은 끈적한 진액으로 뭉쳐 있다. 불에 노랗게 잘 구워져 탱탱해진 알을 씹으면 톡톡 알이 터지면서 고소한 맛이 입안 전체에 퍼진다. 보통 소금을 친 도루묵을 석쇠 위에 올려놓고 굽는데, 살점과 알이 두터워 자칫하면 태우기 쉽다. 그래서인지 양미리는 직접 불에 굽더라도, 도루묵은 대개는 식당 주인장이 구워준다. 양미리와 도루묵이 같은 철에 나오기에 적당히 섞어서 먹기도 한다.

또 다른 별미는 도루묵찌개. 무와 대파, 고춧가루를 넣고 간장과 소금으로 간을 해서 국물이 자박자박할 정도로 조린다. 알도루묵도 좋지만 숫도루묵의 연한 살도 맛이 좋다. 도루묵 머리가 들어가야 국물 맛이 잘 우러난다. 그 국물에 밥을 비벼 먹는 것도 권할 만하다. 살이 워낙 연해서 센 불에 가열하면 살이 다 풀어지니 중불에 끓이는 게 좋다. 또 다른 별미인 도루묵식해는 해물탕이나 찜 전문 식당에서 밑반찬으로 내놓기도 하고, 일부 식당에서 따로 담가 팔기도 한다. 도루묵 머리를 자르고 내장을 빼 적당히 말려서 양념을 넣어 졸인 것을 반찬으로 내놓는 집도 있다.

예전에는 집집마다 머리를 떼어낸 도루묵을 꾸덕꾸덕 말려 조려 먹기도, 좁쌀과 무 등을 넣고 도루묵식해를 담가 먹기도 했다. 남은 머리는 따로 말려서 도루묵머리식해를 담갔다. 바짝 말린 도루묵 머리를 절구에 넣고 적당히 빻으면 돌처럼 하얗고 억센 머리뼈가 다 부서져 빠져나온다. 물에 깨끗이 씻어서 좁쌀과 무를 넣고 식해를 담그면 새콤달콤한 맛이 일품이다. 도루묵 몸뚱이살로 식해를 담그더라도 이 머리가 들어가야만 제대로 맛이 살아난다. 어두육미라는 말이 이 하찮은 작은 물고기에도 맞아떨어지는 듯하다.

최근 자원 복원 성공으로 어생역전을 이뤘다는 도루묵의 신세가 다시 뒤집어졌다. 2016년 7,497톤이던 도루묵 어획량은 2023년 611톤, 2024년 430톤으로 7~8년 사이에 5~8% 수준으로 떨어졌다. 1970년부터 지금까지 54년 만에 최악의 어획량을 기록했다. 가장 어획량이 적다는 2001년 어획량 1,286톤의 절반도 되지 않는다. 언론에서는 도루묵의 자원 복원 성공신화가 '말짱 도루묵'이 되었다고 개탄했다. 2024년 12월 도루묵은 성어기임에도 1두름 값이 최고 5만원까지 평소의 5배나 치솟기도 했다. 지역 주민들도 감히 손이 떨려 도루묵을 먹을 수 없었을 정도다. 국립수산과학원에서는 이에 대해 기후변화에 따른 고수온 현상과 과도한 남획이 원인이라고 진단했다. 그리고 2025년 고성과 양양 앞바다에 다시 도루묵 치어 20만 마리를 방류했다.

　　이미 명태가 사라진 이 바다에서 하찮은 물고기라 괄시하던 도루묵의 생환에 지구의 운명이 걸려 있는 것은 아닐까? 푸른 바다 깊은 해초 숲에 예전처럼 도루묵이 다시 알록달록한 알을 많이 낳아주면 좋으련만. 우리가 사랑한 은빛 고운 물고기, 도루묵의 추억이 다시 현실로 되살아나길 간절히 기다린다.

도루묵

도루묵 2
이름 때문에 억울한 도루묵

　도루묵의 어원에 대해서는 이야기가 분분하다. '말짱 도루묵'은 애써 그물을 당겨보았더니 전부 도루묵이라는 의미인데, 힘들여 한 일이 아무 소용없게 되었을 때 쓴다. 헛수고를 했다는 말이다. 사실 이럴 경우에 쓰는 도로무익徒勞無益이라는 말이 엄연히 있는데 굳이 왜 애꿎은 도루묵을 걸고 넘어질까.

　하지만 도루묵은 이름 때문에 유명해진 물고기이

기도 하다. 옛 문헌에서 도루묵은 한자로는 목어木魚/目魚, 은어銀魚, 환목어還木魚/還目魚, 환맥어還麥魚라고 쓰였다. 조선시대 지리지에는 은어銀魚라고 표기되었다(지금 우리가 아는 은어는 은구어銀口魚로 구별해서 적었다). 적어도 정식 문헌에서만은 도루묵이 고상한 의미의 '은어'로 표기된 것이다. 1814년 편찬된 고성의 『간성군읍지』에도 '은어'와 '은구어'가 구별되어 등장한다. 해방 전에도 도루묵을 은어라는 별칭으로 불렀다. 동해안 도루묵은 1930년대에 경원선 기차에 실려 경성(서울) 시장에서 생물로 팔려 나갔는데, 1937년 11월과 12월 『동아일보』의 주간 상품시황 생선 부문에 '은어(도로목)'라는 표기가 나온다. 당시 신문에 도루묵 이름에 얽힌 일화가 소개되기도 했다.

속초에서는 예전에 도루메기라는 이름을 더 많이 썼다. 지금도 북한에서는 도루묵을 도루메기라 부르고, 도루메기식혜(북한에서는 식해를 식혜라고 한다), 도루메기구이를 향토별미로 소개하고 있다.

도루묵이라는 이름의 어원은 널리 알려져 있다. 정조 때 이의봉이 편찬한 『고금석림古今釋林』(1789)에 따르면, 고려의 왕이 난리를 피해 잠시 영동 지방에 와 있을 때에 목어를 먹은 뒤 맛이 있다 하여 은어로 고쳐 부르라고 했단다. 그러나 환도 후 그 맛이 그리워 이를 구해 와 먹었는데 맛이 전과 다르자 다시 이름을 목어로 바꾸라 하여, 도로목(還木)이 되었다는 것이다.

1631년 부임해 간성현감을 지냈던 택당 이식澤堂李植은 환목어還木魚가 아닌 환목어還目魚라는 제목으로 도루묵의 어원에 대한 한시를 지었다. 아울러 도루묵에 대한 또 다른 한시 「후목어後木魚」를 남겼는데, 이 시에서 이식은 도루묵이 보잘것없는 물고기이지만 천히 여겨서는 안 된다고 말했다.

> 관동으로 말하면 천하의 험지險地로서
> 험준한 산맥에 궁벽한 해변이라
> 엄동설한에 눈 쌓이고 얼음 얼면
> 한 줄기 트인 잔도栈道 더더욱 아슬아슬
> 수레 엎어지고 말이 미끄러져
> 얼어 죽은 시체 소문 가끔씩 들려오니
> 신선하고 살진 고기 아무리 많다 해도
> 실어 보낸다는 것은 정녕 만용蠻勇이라 하리
> 목어目魚로 말하면 볼품없는 물고기로
> 바짝 말려 껍데기만 붙어 있는 건어물
> 하지만 무엇보다 포장하기 간편하여

애오라지 예물禮物로 보내기로 했나니
천 리 길 선물 보낸 천아天鵝의 터럭 하나
어찌 소중한 게 여기에 있으리요[12]

이식이 언젠가 자신의 친구에게, '볼품없는 물고기' 목어, 즉 도루묵 말린 것을 선물했다가 그 친구로부터 비방을 받았다. 그러자 그는 선물의 귀천을 따질 것이 아니라 보내는 사람의 마음을 감사하게 여길 줄 알아야 한다는 뜻으로 이 시를 썼다.

도루묵의 이름이 임진왜란 때 선조가 피난을 갔을 때의 일화에서 비롯되었다거나, 이괄의 난 때 인조가 피신 갔을 때의 일에서 비롯되었다는 이야기도 있다. 특히 선조의 이야기는 대다수 언론과 동화 등에 수록되어 있을 정도로 많이 인용되어왔다. 그러나 임진왜란 때 선조가 피난한 곳이 북서쪽의 의주이니 도루묵이 나는 동해안과는 아무 관련이 없다. 이괄의 난을 피해 인조가 간 곳도 공주였으니 이 역시 사실이 아니다.

도루묵 어원에 대한 또 다른 의견도 있다. 조항범 충북대 교수는 목어 앞에 '흔하고 질이 떨어진다'는 뜻으로 쓰이는 '돌' 자가 붙어서 돌목이라 했던 말이 '도루묵'으로 변했을 것이라는 의견을 내놓았다. 2016년 김양섭 전북대 연구원은 도루묵 설화의 주인공이 선조나 인조, 고려왕이 아니라 태조 이성계라고 주장했다. 이성계가 정종에게 왕위를 물려주고 함흥으로 갔다가 다시 한양으로 돌아온 적이 있는데, 함흥은 도루묵이 많이 나는 고장으로 함경도 안에서도 유일하게 도루묵을 은어라고 불렀다고 한다. 그때 이성계가 함흥에서 먹었던 것이 도루묵이라는 이야기다. 김양섭 연구원에 따르면 '말짱 도루묵'이라는 말도 옛 문헌에 나오며, 17세기에 이미 널리 쓰였다.

이름 하나에 이렇게 많은 설로 전문가들까지 나서서 논란을 벌이는 사이에, 도루묵은 그 어획량이 줄면서 정말 유명한 물고기가 되었다. 이름과는 달리 하찮은 물고기가 아니게 된 것이다.

도루묵은 연안 바닷가 해초 사이에 알을 산란한다. 색이 알록달록 참 예쁘다. 색깔이 빨간색, 파란색, 초록색, 갈색 등으로 제각각이다. 얕은 물에 산란해놓은 도루묵 알은 필자가 어린 시절에 손으로 직접 건질 수 있을 정도로 흔했다.

도루묵은 평소 수심 2백 미터 내외 바닷속의 모래 섞인 뻘밭에서 살다가 산란기인 10월 하순부터 12월 사이에 동해 연안을 찾아와 산란한다. 몸길이는 최대 26센티미터까지 큰다. 보통 1~10미터 깊이의 해초 사이에 알을 낳고 먼바다로 돌아간다. 산란을 하러 들어오는 10월 말이나 11월 초에 살이 오르고 기름져 가장 맛있다. 산란을 끝내고 나면 체지방이 다 빠져나가 맛이 급격히 떨어진다. 11월 찬바람이 불면 도루묵 먹으러 동해안으로 가자는 말이 괜히 나온 게 아니다.

대구
귀하디귀했던 생선, 대구

요즘 동해안 웬만한 해물식당 차림표에서 빠지지 않는 대구탕. 어느 때부터인가 속초를 비롯한 동해안을 대표하는 바다 음식이 되었다. 동해안 각 도시의 어시장에 나가면 1년 중에 금어기 한 달만 빼고는 언제든지 싱싱한 대구를 살 수 있다. 가격도 그리 비싸지 않아 제법 실한 것들의 가격이 1~2만 원이다. 무와 파 등을 넣고 소금으로 간해서 끓이면 두세 명이 시원한 대구탕을 즐길 수 있다.

    대구는 그동안 동해안에서 제법 잡혔음에도, 명태가 워낙 많이 나다 보니 이 지역의 대표 생선으로는 그 이름을 올리지 못했다. 하지만 이제는 대구가 사철 꾸준히 잡히는, 동해안의 대표 어종이 되었다. 갈수록 자원은 고갈되고 있는데 대구는 예전보다 더 많이 잡히고 있다. 그래서 20년 전보다 오히려 가격이 많이 떨어졌다. 그토록 귀했던 대구가 그 흔했던 명태를 대신해 서민의 식탁에 오르게 될 줄 누가 알았을까?

    어릴 때 기억으로는 겨울 명태잡이가 끝나면 어민들이 삼중망(현재는 불법 행위로 금한다)을 부려 여러 잡어를 잡았다. 그때 잡힌 대구들은 비싼 값에 팔려나갔다. 잡히는 족족 모두 비싸게 팔았기에 바닷가 주민들도 쉽게 맛을 볼 수 없었다. 그래서 대구와 관련한 음식 문화는 명태의 그것에 비해 참으로 빈약하다.

    명태와 대구는 대구목 대구과에 속하는 사촌지간이다. 생김새도 비슷하고 맛도 비슷하다. 차이점이라면 대구가 명태보다 몸집이 더 크고 육질이 더 찰지며 감칠맛이 강하다는 것이다. 탕을 끓여도 대구는 다른 양념을 하지 않고 소금만으로 끓이는데 국물 맛이 진하고 시원하다. 탕에 같이 넣어 끓이는 애(간)와 곤지

(이리), 밥통(위)도 맛이 좋다.

대구는 한류성 회유어족이다. 식성이 워낙 좋아 닥치는 대로 먹는다. 입이 크다고 대구大口라고 부르는데, 조선시대 문헌에도 대구어大口魚로 나온다. 19세기의 대표적 실용백과사전이라 불리는 서유구의 『임원경제지林園經濟志』에는 화어夻魚(큰입 고기) 또는 화구어夻口魚로 나오고, 일제강점기에는 일본 한자를 써서 설鱈(타라)이라고도 불렀다.

대구는 주로 5~12도의 수온과 45~450미터의 수심에서 산다. 다 큰 대구는 몸길이가 크게는 1미터에 이르는데, 3년 정도 자라면 산란기에 맞춰 수심이 얕은 연안으로 들어온다. 그때가 바로 성어기다(하지만 요즘 동해안에서는 대구 금어기 1개월만 빼고 1년 내내 대구를 잡는다).

한국의 대구는 동해와 서해의 것을 따로 구분한다. 동해 대구는 시베리아와 연해주에서 함경도, 강원도, 경상도까지 분포 서식하는데, 매년 겨울 산란기가 돌아오면 경남 진해만까지 몰려와서 일부는 전남 서쪽 끝까지 간다. 서해 대구는 전남 흑산도 부근에서부터 서해 전체에 서식한다. 동해 대구에 비해 맛이 떨어지고 가격도 저렴하다.

수산학자 정문기 박사는 1939년 5월 7일자 『동아일보』에 당대 주요 수산물의 하나로 '대구어'를 소개하면서 대구로 만든 음식에 대해서도 함께 적었다. 대구가 가장 많이 잡히던 시절에 쓴 글이라 내용이 풍부하다.

> 대구는 예로부터 우리나라 겨울철 잡히는 수산물 중 대형어인 동시에 미미美味한 어족이다. 대구국, 대구찜, 대구지짐, 대구전 등 각색 요리를 만들어 제공한다. 많이 잡힐 때에는 내장을 제거하고 크게 토막 내거나 통대구를 만들어 오랫동안 보존해 반찬이나 술안주로 내기도 한다.
> 내장도 하나도 버리지 않는다. 대구 간으로 간유를 만들고, 알은 대구알젓을, 아가미로는 귀세미젓을 제조한다. 모두 진귀한 특산이라 한 번 맛을 본 사람은 잊지 못할 진미로 귀중하게 여기는 식찬이 된다. 대구 고니는 다른 어백보다 미미美味해 무와 같이 국을 만들어놓으면 별미의 요리다.

앞서도 적었지만 대구는 명태보다 훨씬 귀하게 대접받아왔다. 명태라는 이름이 문헌에 나오지도 않던 조선시대에도 동해안 진상품 중에서 대구와 연어를 최고로 쳤다. 간성군의 읍지를 보면, 대구는 생물뿐 아니라 마른 대구, 알, 알젓, 곤지, 내장까지 진상했다. 대구 한 마리를 '하나도 버릴 것 없이' 모조리 챙겨 나라에 바친 것이다.

궁중에서는 종묘사직을 비롯한 조정 제례에 대구 어포를 올렸으며, 임금이 신하에게 하사품으로 이를 내려보내기도 했다. 중국에서도 인기가 높아 이미 조선 세종 때부터 수출했으며, 중국으로 가는 사신들도 연어, 문어와 함께 마른 대구를 귀한 선물로 챙겨 떠났다.

궁중에서 귀히 여기는 물고기 진상일수록 백성들의 원성이 더 높았다. 심한 재난이 있을 때는 진상 대구의 수량을 감해주기도 했지만, 왕실 제사상에서 빠질 수 없는 귀한 어포라 공납을 완전히 폐할 수는 없었다(정조 때는 대구 공납을 명태로 대신하는 경우도 있었다).

1568년 선조 1년 함경도 순무어사 김명원이 지역의 폐단 네 가지를 임금에게 계로 올렸는데, 그중 세 번째 폐단으로 "명천 이남 지방에서 한양으로 1척 4촌(약 42센티미터)의 대구를 진상해야 하는 괴로움"을 꼽았다. 공납이 어찌나 부담되었던지 어민들이 도망을 가버려 바닷가 마을이 텅텅 비어버리기도 했다. 그럼에도 할당된 공납 물량을 채우기 위해 그 지역 주민들은 더 많이 시달려야 했다.

귀한 생선으로 취급받다 보니 오래전부터 해외로 수출되었다. 1924년 6월 12일자 『매일신보』를 보면 1923년 강원도 내 수산제조업 실적 중에 마른 대구의 판매 금액이 가장 높다. 당시 수산제조업이라야 대구와 명태, 명란젓, 통조림이 전부였지만, 대구는 명태보다 두 배 가까이 가공되어 일본과 중국으로 팔려나갔다. 1914년에는 미국으로 수출되어 재미동포들의 향수를 달래주기도 했다. 당시 재미 한인단체에서 발행한 1914년 4월 1일자 『국민보』에는 아래와 같이 하와이의 어느 상점 광고가 실렸다.

이번에 가져온 물건
복어 배알젓 한 통에 7원 15전, 대구 배알젓 한 통 4원 50전(각각 양념을 잘하고 무도 너었소 – 원문주), 명란젓 5원 50전, 참기름 한 병 50전, 암치(배를 갈라 소금에 절여 말린 민어) 매근 15전, 건대구 매근 12전.

1930년대에는 대구가 연간 30만 톤가량 잡혔다. 그러나 그 뒤로 어획량이 급감해 1990년대에는 1천 톤 이하로 줄었다. 60년 만에 3퍼센트 이하로 떨어진 것이다. 대구 한 마리가 쌀 한 가마니보다 비쌀 때도 있었다. 대구가 워낙 안 잡히다 보니 2003년에는 러시아에서 사료용 냉동 대구머리를 수입해 '대구뽈찜' 용으로 팔다가 적발되는 사건이 있기도 했다.

1980년대 들어 대구 자원 회복사업이 시작됐다. 1981년부터 남해의 진해만을 비롯해 동해안 전반에서 대구 인공수정란이 방류되었고, 1997년부터는 치어 방류도 시작되었다. 그런 덕택에 2000년대 이후 어획량이 늘기 시작해 2010년대에는 5천 톤 이상 수준을 회복했다. 2018년 집계로는 어획량이 7,511톤에 이른다.

2005년 12월 속초 해경이 어느 기선저인망 어선이 대구 치어를 불법 남획해 거래하는 것을 적발했다. 이에 부산과 경남 일대에서는 남해안 어민들이 수정란과 치어 방류로 어렵게 늘려놓은 대구를 동해안에서 다시 씨를 말린다고 비난하기도 했다. 2010년에도 거제 일대 대구 어획량이 크게 줄자, 동해안의 치어 남획이 그 원인으로 거론되기도 했다.

물론 대구 치어 남획은 비난받을 일이지만, 남해안에서 방류된 대구를 동해안에서 씨를 말린다는 이야기는 이치에 맞지 않는다. 이와 관련해 국립수산과학원에서 지난 2011년부터 5년간 진해만에서 방류한 대구에 전자태그를 붙여 인공위성으로 그들의 회유 경로를 추적했으나 강원도 연안과 진해만 대구가 서로 얼마나 연관되는지는 확인되지 않았다. 또한 관련 논문에서는 강원도와 경상북도를 경계로 각기 다른 대구 어군이 형성된다고 추정하기도 한다. 거제 대구와 속초 대구는 산란장이 서로 다른 어군이라는 것이다.

어느 지역의 대구가 더 맛있느냐는 논란도 있다. 조선시대에는 함경도를 비롯한 동해안 대구를 알아줬다. 허균은 『도문대작』에서 "대구는 북쪽에서 나는 것이 가장 크고 누른색이며 두껍다. 동해에서 나는 것은 붉고 작은데 중국인들이 가장 좋아한다"라고 썼다. 반면 수산학자 정문기는 1939년 『동아일보』에서 남해안 대구가 가장 맛있다고 평했다. 이와 더불어 속초에서 대구를 직접 잡는 한 어민은 "대구는 냉수대 어종이라 수온이 낮은 동해안 같은 곳에 사는 대구가 살이 더 찰지고 맛있다"고 이야기한다.

과연 어느 바다 대구가 맛있을까. 대개의 생선은 산란을 앞두고 가장 맛있고, 산란이 끝나면 맛이 떨어진다. 하지만 분단 이후 갈 수 없는 북쪽 함경도의 대구 맛을 보는 것은 불가능하고, 바다의 수온과 서식 환경도 예전과 많이 달라졌다. 또한 산란기인 겨울철만이 아니라 한여름에도 싱싱한 대구를 먹는 시대가 되었다. 대구의 선도와 조리 기술, 지역별 음식 문화에 따라서도 맛이 다를 수밖에 없다. 어쨌거나 전국에서 손꼽는 대구탕 맛집에 속초의 대구탕집들이 상위에 이름을 올리는 걸 보면, 속초를 비롯한 동해안 대구가 좋은 평을 받고 있는 것만은 분명하다.

표범 태반
지금은 상상할 수 없는, 사라진 요리

표태(豹胎, 표범의 태반) 양양에 요리를 잘하는 사람이 하나 있다. 맛이 매우 좋다. 다른 곳에서 만든 것은 불결하여 먹을 수가 없다.[13]

허균의 『도문대작』에는 지금은 맛볼 수 없는 야생 동물 요리가 눈에 띈다. 강원도 회양(현재 북한에 속한 지역)의 웅장熊掌과 녹설鹿舌, 양양의 표태豹胎, 전라도 부안의 녹미鹿尾다. 웅장은 곰 발바닥을, 표태는 표범의 태반, 녹설은 사슴의 혀, 녹미는 사슴의 꼬리를 말한다. 지금이야 멸종되거나 희귀하여 먹는 것 자체가 금기시되지만, 이 음식들은 예로부터 진귀한 음식으로 손꼽혔다. 특히 웅장과 표태는 조선시대에도 희귀한 진수로 손꼽히며 사대부의 별미로 알려졌고, 사치스러운 음식이라 하여 경계의 대상이 되기도 했다. 중국에서도 표범의 태반과 곰 발바닥 요리는 최고의 음식으로 손꼽는 팔진八珍에 포함되었다.

당대 최고의 진미로 손꼽혔던, 표범의 태반 요리. 양양이 바로 그 별미의 고장이었다는 것이 이채롭다. 사나운 맹수 표범을 포획하기도 쉽지 않지만 더구나 그것의 태반 요리라니… 양양이 풍류의 고장이라 희귀음식인 표범 태반 요리가 인기를 끌었던 것은 아닐까 싶기도 하다.

허균은 참으로 솔직한 사람이다. 당대의 유교적 윤리로서는 사치스러운 음식을 문장에서 거론한다는 자체가 상당히 부담스러운 일이었을 텐데, 당시의 규범적 사고에 얽매이지 않고 거침없이 자신이 경험한 당시의 음식 문화를 서술했다.

그런데 과연 우리나라에도 표범이 살았을까? 지

금 사람들은 우리나라에 무슨 표범이 살았겠냐고 반문하겠지만, 1970년까지도 우리나라 산악 지역에서 표범을 사냥한 기록이 있다.

한국 표범은 아프리카 표범보다 체구가 크고 동작이 민첩하고 성질이 표독스러우며, 야생 상태에서 평균 체중이 50킬로그램에 이르렀다고 전한다. 우리나라에 많이 살던 맹수인 호랑이와 곰, 표범, 늑대의 씨가 마르게 된 것은 일제강점기 때부터다. 일제강점기 총독부에서는 사람을 해치는 맹수를 없앤다는 구실로 경찰과 군대를 동원해 토벌대를 조직하여 전국의 산악을 들쑤셨다.『조선총독부 통계 연보』1942년 판에 따르면 1915년부터 1942년까지 잡은 호랑이만 97마리에 이른다. 같은 기간 표범은 624마리, 곰은 1,039마리, 늑대는 1,396마리를 포획했다.

1963년 11월 10일 경남 합천군에서는 올가미에 걸려 몸부림을 치다 죽은, 길이 2미터의 암표범이 발견되었다. 1968년 5월 남원의 한 농가에서 생후 3개월 된 새끼표범을 잡아 집에서 길렀으나 먹이를 대기 어려워 길러줄 사람을 찾는다는 기사도 있다. 1970년 3월 4일에는 경남 함안에서 열여덟 살쯤 된 수표범을 총으로 쏴 잡았다. 그로부터 3년 후인 1973년 7월

21일에는 전 세계 동물원에서 한 마리밖에 남지 않은 한국산 수표범이 심장판막 이상으로 죽었다는 소식이 신문지상에 보도되었다. 이 표범은 1962년 2월 경남 합천군에서 황홍갑이라는 사람이 새끼표범을 생포해 창경원에 기증한 것이었다. 그로부터 16년 뒤인 1989년 정부는 한국표범이 멸종됐다고 발표했다.

이미 멸종된 표범의 태반 요리. 그야말로 "푸줏간 앞을 지나며 입맛을 다시다"라는 '도문대작'의 뜻처럼 사라진 옛 음식을 머리로 맛보며 입맛을 다셔봐야겠다. 기껏해야 쇠고기의 가장 좋은 부위 정도를 먹어본 현대인의 입맛으로 과연 표범의 태반 요리가 맛이 어떨지 상상이나 할 수 있을까?

도문대작
허균이 말한, 동해안의 먹을거리들

다음은 허균의 『도문대작』에서 거론된 물고기 중에서 동해안에서 나는 것만 추려서 정리한 것이다.

즉어(鯽魚, 붕어) 어느 곳에나 있지만 강릉의 경포가 바닷물과 통하기 때문에 흙냄새가 안 나고 가장 맛있다.
청어(靑魚) 네 종류가 있다. 북도에서 나는 것은 크고 배가 희고, 경상도에서 잡히는 것은 등이 검고 배가 붉다. 호남에서 잡히는 것은 조금 작고 해주에서는 2월에 잡히는데 매우 맛이 좋다. 옛날에는 매우 흔했으나 고려 말에는 쌀 한 되에 마흔 마리밖에 주지 않았으므로 목로牧老(고려시대의 문장가 목은 이색을 가리킴)가 시를 지어 그를 한탄하였는바, 난리가 나고 나라가 황폐해져서 모든 물건이 부족하기 때문에 청어도 귀해진 것을 탄식한 것이다. 명종 이전만 해도 쌀 한 말에 쉰 마리였는데 지금은 전혀 잡히지 않으니 괴이하다.

화복(花鰒, 꽃전복) 경상북도 해변 사람들은 전복을 따서 꽃 모양으로 썰어 상을 장식하는데 이를 화복이라 한다. 또 큰 것은 얇게 썰어 만두를 만드는데, 역시 좋다.

홍합(紅蛤) 동해·남해에 모두 있는데 남해의 것이 조금 크다. 또 해삼海蔘이 있는데, 이는 옛날에 이泥라고 부르던 것이다. 중국인들이 좋아한다.

은구어(銀口魚, 은어) 영남에서 나는 것은 크고 강원도에서 나는 것은 작다. 해주에도 있다.

하돈(河豚, 복어) 한강에서 나는 것이 맛이 좋은데 독이 있어 사람이 많이 죽는다. 영동 지방에서 나는 것은 맛이 조금 떨어지지만 독은 없다.

방어(魴魚) 동해에서 많이 나지만 독이 있어 임금께는 올리지 않는다.

연어(鰱魚) 동해에서 나는데 알것이 좋다.

송어(松魚) 함경도와 강원도에서 많이 나는데 바다에서 잡은 것은 맛이 좋지 않다. 알은 연어의 그것만 못하다.

황어(黃魚) 2월에 동해에서 난다.

접어(鰈魚, 가자미) 동해에서 많이 난다. 옛날에는 '비목比目'이라 불렀다.

광어(廣魚) 동해에서 많이 나는데 가을에 말린 것이 끈끈하지 않아 좋다.

대구어(大口魚, 대구) 동·남·서해에서 모두 나는데 북쪽에서 나는 것이 가장 크고 누른색이며 두껍다. 동해에서 나는 것은 붉고 작은데 중국인들이 가장 좋아한다. 서해에서 나는 것은 더욱 작다.

팔대어(八帶魚, 문어) 동해에서 난다. 중국인들이 좋아한다.

은어(銀魚, 도루묵) 동해에서 난다. 처음 이름은 목어木魚였는데 고려 때 좋아하는 임금이 있어 은어라고 고쳤다가 많이 먹어 싫증이 나자 다시 목어라고 고쳤다 하여 환목어環木魚(도로목)라 한다.

고도어(古刀魚, 고등어) 내장으로 젓을 담근 것이 가장 좋다. 또 미어微魚라는 것이 있는데 가늘고 짧지만 기름져서 먹을 만하다.[14]

역시 최고의 맛은 바다에서 나오는 법이다. 허균의 『도문대작』에는 다른 농·임산물보다는 물고기와 조개, 해초 등 해산물이 월등하게 많이 나온다.

지금도 동해안에서는 복어가 제법 나오는데, 겨울철 대표적인 어종인 명태가 사라진 대신 난류성 어족인 오징어와 복어가 겨울에도 잡히고 있다. 주문진 수산시장에서는 2006년부터 2019년까지 한겨울인 12월에 복어축제를 개최했다. 허균은 임진강 하구에서 잡히는 황복과 비교하여 동해안 복어가 독성이 없다고 적어놓았지만 모두 그런 것은 아니다. 속초에서도 예전에는 오징어잡이를 하러 먼바다로 나가 조업하던 선원들이 복을 잘못 먹고 죽는 사고가 빈번했다.

방어는 제주도와 남해안에서 많이 잡히는 어종이었으며, 몇 년 전부터 수온 상승으로 동해안으로 올라오기 시작하면서 강원도 속초와 고성이 최고의 방어 산지로 꼽힐 정도가 되었다. 몸길이가 최대 110센티미터까지 자라며, 무게에 따라 2킬로그램 미만은 소방어, 중 2~4킬로그램는 중방어, 4킬로그램 이상은 대방어로 구분한다. 양식이 되지 않고 장기간 운송이 어려워 산지를 제외한 곳에서는 비싸게 팔린다. 대방어는 부위별로 다양한 맛이 난다 하여 큰 인기를 끌고 있다.

 허균은 자신이 살던 시대에 동해안에 방어가 많이 난다고 했다. 그런데 동해안에서 방어가 많이 나지만 독이 있어 임금에게는 진상을 하지 않는다는 평은 어떻게 받아들여야 할까? 일단 허균은 방어가 임금에게 진상할 만큼 맛있다는 걸 전제로 하는 말이다. 또한 방어는 그 맛이 뛰어나지만 쉽게 상하기에 냉장과 운송이 발달한 현대에도 운반과 유통이 쉽지 않은 생선으로 알려져 있다. 청어나 명태처럼 말려서 보관할 수도 없다. 오직 생선회로 먹는 경우가 대부분이다. 따라서 쉽게 상하는 방어를 온전한 채로 진상할 방법이 당대에는 없었을 것이다.

 어쩌면 방어의 독이라는 것은 지금도 방어 살점에서 발견되는 기다란 실같이 생긴 방어사상충을 말하는 것은 아닐까 싶다. 방어사상충은 장기를 파고드는 고래회충과는 달리 인체에 무해한 것으로 알려져 있으나, 징그러운 그 모습을 보는 순간 회의 맛이 뚝 떨어질 수밖에 없다. 봄과 가을에 많이 보이고, 수온이 내려가는 한겨울에 발견되기도 한다. 그래서 방어는 수온이 높은 여름철에는 먹지 말라는 이야기가 있다. 또한 회를 손질할 때는 보다 꼼꼼하게 사상충을 제거하고 먹어야 한다. 방어의 진미를 제대로 맛보려면 그 정도는 각오해야 한다.

다음은 『도문대작』에 나오는 해초와 조개, 게 종류로 동해안에서 나오는 것을 추려보았다.

제곡(齊穀) 작은 조개로 껍질이 자색紫色이다. 경포에서 나는데 흉년에는 이것을 먹으면 굶주림을 면할 수 있기 때문에 곡식과 같다는 뜻에서 제곡이라 한다.

강요주(江瑤柱) 북청北靑과 홍원洪原에서 많이 난다. 크고 살이 연하여 맛이 좋다. 고려 때에는 원나라의 요구에 따라 모두 바쳐서 국내에서는 먹을 수 없었다.[15]

자합(紫蛤) 동해에서 난다. 크고 살이 희며 맛이 달다.

해(蟹, 게) 삼척에서 나는 것은 크기가 강아지만

하여 그 다리가 큰 대나무만 하다. 맛이 달고 포脯
를 만들어 먹어도 좋다.

석화(石花, 굴) 고원高原과 문천文川에서 나는 것이 크지만 맛은 서해에서 나는 작은 것만 못하다.

윤화(輪花) 동해에서 나는데 석화처럼 크다. 맛이 달다.

석전(石蓴, 파래) 영동 지방에서 많이 나는데 영동 것이 가장 좋다.

조곽(早藿, 올미역) 삼척에서 정월에 딴 것이 좋다.

해의(海衣) 남해에서 나는데, 동해 사람들이 주먹으로 짜서 말린 것이 가장 좋다.[16]

경포호에서 잡히는 제곡은 적곡, 계곡이라고도 불렸고 흉년에 먹는 음식으로 꼽힌다. 필자의 생각으론 지금의 재첩이 아닌가 싶다. 재첩은 민물에서 서식하는 조개다. 강에 재첩이 많은 해에는 흉년이 들어도 재첩을 캐서 먹고 살았다는 옛이야기가 있는데, 경포의 재첩 소개글과 일맥상통한다. 과거에는 강릉 경포호나 포매호, 영랑호 같은 석호에서도 재첩이 서식했으나 이제 다 없어지고 고성 송지호에서만 재첩이 서식하고 있다. 남대천 일대에서도 재첩이 다량 채취

된다.

　보통 굴이라 하면 서해안에서 나오는 것으로 알고 있지만 예로부터 동해안에서도 석화, 굴이 나온 것을 『도문대작』에서 확인할 수 있다. 함경남도 영흥만은 동해안 굴 양식장으로 우리나라 3대 굴 양식장의 하나로 손꼽혔다. 1920년대에 영흥만 굴양식장을 본떠, 속초 청초호에 양식장을 조성하려는 시도가 있었다. 1926년 11월 23일자 『중외일보』에는 「양양 속초호에 모려牡蠣(굴) 번식 시험」이라는 기사가 실렸다. 그 내용을 보면, 양양군 도천면 속초호(청초호로 추정)는 바다에 접한 호수인데, 숭어와 뱀장어, 잉어 등이 나서 주민들은 계절에 따라 조금씩 잡을 뿐 생산 번식에는 관심이 없었다. 이에 수산시험장에서 어족 양식을 다년간 연구한 결과 굴을 번식하게 되어 굴 열 석을 방류했다는 내용이다. 그러나 후속 보도는 보이지 않는다. 동해안 굴 양식은 수차례 시도되었지만 높은 파도와 깊은 수심 때문에 경쟁력 있는 대량 양식은 아직까지도 성공하지 못하고 있다.

2장

랭면을 맛보고 애걸하거늘

젓갈
간이 잘 맞게 담가서 진상하라

1975년 11월 경주 동궁 월지(안압지)에서 어느 항아리 속 품목을 적은 목간木簡(나무에 적은 글)이 출토되었다. 강원도 고성에서 경주로 가져온 젓갈을 표시해놓은 것으로, 앞면에는 '급파되는 사신이 가져온 고성 해산물 젓갈이 담긴 항아리', 뒷면에는 '동궁 관청 세택의 항아리로 품질은 중상中上'이라고 적혀 있다. 여기서 알 수 있듯, 이미 8세기 통일신라시대에 강원도 고성의 해산물 젓갈이 345킬로미터 떨어진 경주의 왕궁에 공급된 것이다(이 목간은 현재 국립 춘천박물관에 소장되어 있다).

경북 경주도 바다에 접해 있어 젓갈을 구하기는 어렵지 않다. 그런데 굳이 멀리 떨어진 강원도 고성에서 어렵게 젓갈을 공수해 온 이유는 무엇일까? 같이 출토된 다른 목간에는 가오리, 돼지, 노루, 물고기 젓갈이라고 단순히 음식 이름만 표기되어 있다. 이에 반해 굳이 고성에서 보내온 젓갈이라고 표시한 걸 보면 특별하고 귀한 젓갈이 틀림없다. 지금의 지리적 표시제 같은 의미일 것이다. 어떤 젓갈인지는 알 수 없지만, 이 목간을 통해 우리는 강원도 고성의 젓갈이 통일신라시대에도 궁중에 들어갈 정도로 귀한 상품이었음을 알 수 있다.

고성군은 조선시대 때는 북쪽의 고성군, 남쪽의 간성군으로 나뉘어 있었다. 간성군에는 시대를 달리하는 여러 읍지(한 고을의 연혁, 지리, 인물, 풍속을 기록한 책)가 있다.[1] 그중에서 지금으로부터 4백 년 전인 1633년에 발간된 『간성지杆城志』는 소중한 보물이다. 단순히 고성의 옛 사료로만 가치가 한정되는 것이 아니라 우리나라 강원도 동해안 수산업과 음식 문화를 고증하는 데에 보배 같은 기록물이다.

택당 이식이 쓴 『간성지』에는 당시 임금께 진상한 토산물의 진상 시기부터 가공 상태까지 상세히 기록되어 있다. 이를 통해 우리는 당시 어민들이 잡은 어종과 어획 시기를 알 수 있으며, 어떤 형태로 생선을 가공해 먹었는지도 알 수 있다. 이러한 기록은 이후 읍지에서 일부 바뀐 내용으로 나오기에 시대에 따른 지역의 물산 변화를 추적해볼 수도 있다.[2] 『간성지』의 「진상進上」과 「천신薦新」 편 내용은 다음과 같다.

「진상進上」
무릇 진상에는 날것과 말린 것 외에 반만 말린 것, 소금간을 약간 한 물품이 있다. 왕의 생일 때와 매월(逐朔) 진상하며, 감사監司가 도계到界(감사가 임지에 부임하는 것) 시에 임금께 진상한다. 그 밖에 후궁에게 진상하는 생선도 동일하므로 기재하지 않는다.

생문어 생일, 동지, 정조(설날), 11월 15일, 도계
건문어 생일, 동지, 3월, 5월, 9월, 11월, 정조, 도계
생대구 동지, 정조, 11월, 도계

건대구 정월, 3월, 5월, 8월, 9월, 11월

생연어 생일, 동지, 정월, 11월, 도계

건연어 생일, 동지, 정월, 도계

생황어 11월, 도계

건황 도계

건광어 8월, 도계

생은구어(은어) 7월, 8월

생은어(도루묵) 11월

건은어 11월

생복(전복) 동지, 정월, 3월, 5월, 8월, 9월, 11월, 도계

건원복(말린 전복) 7월, 8월, 도계

생홍합 도계

건홍합 5월

건해삼 5월, 7월

전어 8월

대구 알 동지, 정조

대구 고지 생일, 정조, 11월, 도계

대구알젓 11월, 도계

대구 내장 도계

연어식해 생일, 동지, 정조, 도계

연어알젓 9월, 11월, 도계

젓간

생복식해 동지, 7월, 9월

황어식해 도계

은구어식해 동지, 7월, 9월, 도계

홍합식해 3월, 7월

방풍교침홍합해 3월

고등어 내장 5월, 7월

조곽(올미역) 정월, 11월

분곽(粉藿) 3월, 7월

생리(生梨,배) 정월, 도계

「천신薦新」

생송어(生松魚) 2월 령(令)

생연어(生鰱魚)·생은구어(生銀口魚) 7월 령(令)

    조선시대 간성군의 진상품 중 배[生梨]만 빼고는 모두 바다 산물이다. 명령[令]이 있을 때는 천신薦新(새로 나온 과일이나 곡식으로 사직이나 조상에게 올리는 제례)에 쓸 송어와 연어, 은어를 제철에 나라에 올렸다.

    『간성지』를 보면 해산물 진상은 생물과 건어, 저장식품(젓갈과 식해)으로 구별해 진상 시기를 달리했다. 예를 들면 문어는 생일이나 동지, 설날, 11월에 진상하고, 반면 건문어는 생일이나, 동지, 설날, 3월, 5월, 9월, 11월에 진상했다. 여기서 저장식품 진상이 인상적이다. 대구알젓, 연어식해, 연어알젓, 전복식해, 황어식해, 은구어(은어)식해, 홍합식해, 방풍교침홍합해 등 그 품목이 다채롭고 풍부하다. 간성군의 토산물 진상은 같은 품목으로 수백 년 동안 이어졌다. 『간성지』가 나온 지 250년 후인 1884년에 발간된 『강원도 간성군 읍지』에도 『간성지』와 같은 품목의 진상품이 나온다. 다만 추가된 「교정較正」 편에 바뀐 진상 시기와 대체 진상품, '명령이 있으면 진상을 하지 않는다令則勿封'는 진상 조건이 덧붙었고, 「첨재添載」 편에 염장 연어와 반건조 대구가 추가로 실렸다.

진상 품목에 대구 고지도 나온다. 고지膏脂는 생선의 정소精巢인 곤지(표준어로는 '이리')를 의미하는 것으로 보인다.[3] 대구 고지와 대구 내장을 젓갈로 담갔는지는 불명확하다. 하지만 고등어 내장은 빨리 상하기 때문에 젓갈을 담가 진상했을 것이다. 고등어내장젓은 지금도 색다른 별미음식으로 알려져 있는데, 허균은 『도문대작』에서 고등어를 설명하면서 "동해에서 나는데 내장으로 젓을 담근 것이 가장 좋다"고 말하기도 했다.

방풍교침홍합해防風交沉紅蛤醢는 앞의 갯방풍 편에서 설명했던 갯방풍을 섞어서 담근 홍합젓이라고 할 수 있다. 이는 어느 문헌에서도 찾을 수 없는, 오직 『간성지』에서만 확인되는 고성군의 특산이다. 『간성지』에는 이 방풍홍합젓을 1년 중에 오직 3월에만 진상을 한다고 했다. 문헌에서는 확인되는데 지금은 전혀 보이지 않는 홍합젓을, 누구라도 나서서 복원하면 어떨까 싶다.

『간성지』를 보면 젓갈은 주로 알로 담그고, 생선 자체로는 소금으로 절이는 염장보다는 식해를 더 많이 담근 것으로 보인다. 여기서는 대구와 연어, 황어, 은어, 홍합, 생복生鰒(전복)을 식해로 담근 것이 확인됐다. 다른 문헌에서는 송어와 가자미도 식해로 담갔다. 생선식해는 제사상에도 올릴 정도로 일반화된 식품이었다.

한편 『양양부읍지』에는 연어 알과 대구 알이 진상품으로 쓰여 있는데, 당연히 알은 젓갈을 담가야 장기간 보존과 이동이 가능하기에 젓을 담가 진상했을 것으로 판단된다. 『세종실록』에는 "경상도·강원도·함길도 감사가 진상해 올리는 연어와 대구의 알젓은 9, 10

월 사이에 진상해 올리되, 간이 잘 맞게 담가서 진상하라"는 내용이 나온다.

조선시대 문헌에는 생선알젓으로 연어알젓과 대구알젓, 조기알젓, 가자미알젓이 나온다. 그 밖에도 은어젓, 숭어젓, 연어젓, 고등어젓, 고등어내장젓, 송어젓, 전복젓, 홍합젓 등 여러 생선젓갈이 나오는데, 당시에도 젓갈은 일상화된 저장음식이었던 것으로 보인다. 연어알젓과 대구알젓은 시대적으로도 상당히 앞서 나온다. 18세기의 대표적 실학서인 『성호사설』에도 서울의 어시장의 별미는 대부분 영동에서 수송해 가져온 생선과 건어, 알젓 등이라고 언급했을 만큼 그 시대에 이미 동해의 생선젓갈뿐만 아니라 알젓이 일상적으로 유통되고 있었다.

식해 1
들큰새콤 삭아 있던 밥식해

 아마이는 아바이와 대응하는 말로 어머니를 뜻하는 함경도 말이다. 함경도 아마이, 다시 말해 함경도 여성은 북한에서도 생활력이 강하고 요리 솜씨가 상당히 좋다는 평을 받는다. 음식에서는 평안도나 황해도 여성들이 만든 음식을 탐탁지 않게 생각한다는 말이 있기도 하다.[4]

 한국전쟁 이후 이곳 영동 지역에 정착한 함경도

아마이들은 어떤 삶을 살았을까? 아마이라면 바로 '억세다'라는 말이 떠오른다. 함경도 사투리 말투가 워낙 거칠었고, 부둣가 어민들 틈새에서 하루하루 힘든 노동으로 살아야 했기에 생활력이 강하지 않으면 버텨낼 수 없었다.

바로 그 생활력 강한 아마이들의 손맛으로 만들어진 음식이 '식해'다. 함경도 실향민들의 음식 중 가장 일반화된 음식 문화라고도 할 수 있다. 냉면이나 순대가 가난한 이들이 어쩌다 한 번 먹는 별미음식이었다면, 식해는 가난한 살림에도 빠지지 않고 먹는 일상 반찬이었다.

소금으로 짜게 절인 음식이야 따로 설명하지 않아도 되겠지만, 이 식해를 모르는 사람은 아직도 많다. 식혜인지 식해인지 무엇이 정확한 표기인지도 애매하다.[5] 우선 따져보자면, 생선이나 고기를 밥이나 좁쌀 등 곡물과 함께 소금을 넣어 발효시킨 것은 식해食醢이고, 밥을 엿기름으로 삭혀서 감미가 나도록 만든 음료를 식혜食醯라고 한다. 그런데 함경도 지방에서는 식해를 식혜라고 적었다. 문헌을 찾아볼수록 식해와 식혜가 혼란스럽게 섞여 나온다는 것을 발견하게 된다.

지금은 생선식해가 많이 알려져 일부러 이를 찾

는 이들도 있지만 한때는 식해라는 음식이 뭔지조차 모르는 이들이 많았다. 1980년대 중반만 해도 영동 지역 사람이 서울 가서 식해 이야기를 꺼내면 열 명 중 아홉 명 이상은 '식해'가 뭐냐고 되물을 정도였다. 동해안 남부가 고향인 어느 시인의 시에서는 그 '식해'에 관한 추억이 진하게 배어난다.

> 삭은 혀끝이 거머쥘 감칠맛 어디 있겠냐고
> 어머니, 할머니, 할머니의 그 할머니
> 구황하려 매운 손끝으로 버무려온 물가재미식해
> 한 젓가락 듬뿍 퍼올리고 싶다
> 흔하디흔한 물가재미 큼직큼직 채 썰어
> 무며 조밥, 마늘, 고춧가루에 비벼 간 맞춘 뒤
> 오지에 담아 아랫목에 두면 며칠 새
> 들큰새콤 퀴퀴하게 삭아 있던 밥식해,
> 왜 오묘함은 가슴과 사귀는 좁쌀 별인지
> 밤새워 푸득거리는 눈발 한 채여도 안 서럽던!

이 시 「물가재미식해」를 쓴 김명인 시인의 고향은 경북 울진이다. 가난했던 어린 시절, 시인의 말대로 물가자미를 채 썰어 조밥과 마늘, 고춧가루를 비벼 간을 맞춘 후 삭혀 먹었던 식해. 이것으로 배고픔을 면할 수만 있다면 폭설도 두렵거나 외롭지 않았다는 것이다.

밥이나 음식을 뜻하는 식食과 젓갈 해醢가 합쳐진 말인 식해食醢는 '밥이나 곡물을 넣어 담근 젓갈'로 해석할 수 있다. 한국에서는 함경도 가자미식해와 도루묵식해, 강원도 북어식해, 경상도 마른고기식해, 황해도 연안식해 등 다양한 식해가 존재한다. 주로는 추운 북쪽 지방인 함경도와 강원도 일대에서 발달했다. 기온이 더운 남쪽은 젓갈 문화, 추운 북쪽 지방은 식해 문화가 발달한 식이다.

젓갈[醢]과 식해食醢는 같은 생선 저장식품임에도 큰 차이가 있다. 젓갈은 소금을 많이 넣어 절인 장기 저장음식이고, 식해는 소금을 상대적으로 적게 넣어 발효한 단기 저장음식이다. 식해는 곡물과 함께 발효시키기 때문에 소금을 적게 넣게 된다. 염도가 훨씬 낮으니 먹기에도 좋다.

식해 문화가 발달한 이유 중 하나는 소금에 있다. 지금은 소금을 구하기 쉽지만 옛날에는 비싸고 귀했다. 귀한 소금을 아끼면서도 저장음식을 만들려고 하니 곡물을 함께 넣어 발효시키는 문화가 발달한 것으로 보인다. 식해는 생선이나 고기에다 최소한의 소금과 쌀밥을 섞어 숙성시키면 쌀의 전분이 분해되어 유산乳酸이 생성되고, 그것이 약간의 소금과 더불어 생선의 부패를 억제한다는 보존 원리에 따라 만들어진다. 보통 가자미나 명태 등 육질이 단단한 생선으로 담그는데, 고등어나 임연수어(새치)를 빼고는 어떤 생선으로도 담글 수 있다고 한다. 명태 아가미나 마른 명태포, 도루묵 머리만으로 식해를 담그기도 한다(명태 아가미로 담근 서거리식해를 저벌기식해라고도 부른다).

보통 속초 지역에서 식해라 하면 좁쌀로 담근 식해를 말하는데, 이때에는 좁쌀이 아니라 멥쌀로 지은 밥으로 담근 식해를 따로 '밥식해'라고 구분 짓는다. 좁쌀로 담근 식해는 오래 보관해두고 먹을 수 있는 반면, 밥식해는 빨리 숙성시켜 먹으려고 담근다. 생선과 밥을 버무려 항아리에 넣어 따뜻한 아랫목에 두고 한 사흘 정도 삭히면 맛있는 밥식해가 된다. 좁쌀보다 쌀이 더 귀했던 시절 함경도 지방에서는 밥식해가 '있는 집'에서 해 먹는 음식으로 불리기도 했다.

식해와 비슷한 발효음식 문화로 동해안지방의 해물김치를 들 수 있다. 동해안 사람들은 명태나 오징어를 김장김치 속에 넣어 식해처럼 삭혀 먹었다. 동해안 사람들이 해물김치를 주로 해 먹었던 이유는 그 맛과 영양, 재료 구입의 면에서 두루 장점이 있었기 때문으로 보인다.

> 도루묵, 생태, 물오징어 등의 해물이 많이 들어가 김치가 잘 숙성되었을 때 독특한 향기와 맛을 준다. 또 단백질과 무기질이 풍부하여 겨울철의 영양을 보충시켜주며 비타민도 충분히 섭취할 수 있다. 강원도는 인구의 3분의 1이 동해 바닷가에서 생활하고 있기 때문에 싱싱한 해물과 젓갈을 많이 사용하여 김치를 담근다. 해물류에서 아미노산이 생성되어 감칠맛이 뛰어나 이 고장의 김치맛을 특색 있게 살려준다.[6]

보통 추석이 지나면 명태잡이를 시작하는데, 초가을에 잡은 명태를 꾸덕꾸덕하게 말려서 김장김치에 같이 넣는다. 명태를 통째로 넣기도 하고 토막을 쳐 넣기도 한다. 김치가 익으면서 명태도 함께 삭으면, 그 국물 맛이 더 시원해지고 감칠맛 또한 살아난다. 명태의 그 억센 머리뼈나 등뼈도 모두 말랑말랑해진다. 김치 국물이 배인 명태 살을 씹으면 시큼하면서도 단맛이 난다. 그래서 밥상에 명태김치가 올라오면 젓가락이 이 명태 살로 가장 먼저 가는 것이 당연지사.

김장김치 속에 통명태를 넣었다가 꺼내어 그 부드러워진 살을 손으로 찢거나 칼로 썰어 별도의 반찬으로 내놓기도 한다. 김장김치 속에서 삭은 명태의 맛은 명태식해의 그것과 비슷하다. 따로 명태를 좁쌀 등에 넣어 식해를 담그기도 했지만 보통 가정에서는 겨울철 별미로 명태를 김치에 함께 넣어 발효시켜 먹었다.

이렇듯 동해안 발효음식 문화는 식해와 해물김치로 대표된다. 아무리 음식 저장기술이 발달하고 우리의 입맛이 바뀌었다고 해도, 발효음식 문화는 우리가 제대로 지켜내야 할 소중한 전통이다. 동해안에 오면 가자미식해나 명태식해, 아니면 도루묵식해라도 한 입 맛보는 건 어떨까? 들큰새콤 삭은 식해 맛에는 함경도 아바이들의 그리움이 묻어 있고 푸른 바닷가 마을에 실려오는 바다 내음새가 배어 있다.

식해 2
내가 죽게 되거든 옥에 식해를 넣어 알려달라

『산가요록山家要錄』은 현존하는 가장 오래된 요리책으로 1459년(세조 5년) 당시 어의御醫(임금의 주치의) 전순의가 지었다. 산가山家는 일반 서민의 가정을 뜻하는데, 임금의 주치의가 일반 백성의 음식 조리법 책을 썼다는 것만 해도 아주 특별한 경우가 아닐까 싶다. 약식동원藥食同源이라는 말이 있듯이, 옛 조상들은 약과 음식은 그 근원이 같다고 보고 음식으로 질병을 다스렸다.

식해 문화는 오래전부터 내려오는 우리나라 전통의 음식 문화로, 이 『산가요록』에 그 조리법이 상세히 소개되어 있다. 생선식해, 소밥통식해, 돼지껍질식해, 도라지식해, 죽순식해, 꿩고기식해, 원미元味(쌀죽)식해가 그것이다. 그중에서 이 책에서 소개하는 생선식해의 조리법은 다음과 같다.[7]

무릇 생선이 크면 조각을 내고 소금을 많이 뿌려 더울 때는 하룻밤 정도 두었다 꺼내 소금을 씻어낸다. 판자 위에 풀[草]을 펼쳐 생선을 놓고 다시 판자를 덮어 큰 돌로 눌러 물기를 뺀다. 멥쌀로 충분히 퍼지게 밥을 지어 차게 식혀 간이 맞게 소금을 친다. 항아리에 먼저 밥을 한 켜 깔고 생선을 한 켜 해서 여러 켜 깔아 손으로 꼭꼭 누른다. 항아리가 가득 차지 않게 한 말 정도 들어갈 만큼 한다. 마른 상수리나무 잎사귀나 대나무 껍질을 십여 개 위에 펴고, 그 위에 두꺼운 기름종이를 덮어 주먹만 한 돌멩이로 그 위를 눌러둔다. 소금물을 끓여 식혜 항아리에 가득 차게 붓고 그늘에 둔다. 꺼내 쓸 때에는 절대로 다른 물이 들어가지 않게 해야 한다. 식해는 먼저 물기를 다 거둔 후에 꺼내 먹는다. 만약 빨리 먹으려면 담글 때 쌀밥 두 되와 밀가루眞末 한 홉을 섞어 버무리면 되는데, 처음부터 끝까지 다른 물이 들어가지 않게 해야 한다.

이처럼 생선과 소금, 멥쌀을 섞어 식해를 담그는 방식은 지금과 같았으나, 소금물을 부었다가 물기를 제거하고 먹었다는 점에서는 차이가 있다. 고춧가루는 조선 후기에 우리나라에 들어왔으니, 당시의 생선 식해는 지금의 빨간 식해와는 맛이나 색감이 사뭇 달랐을 것이다.

식해는 우리나라뿐 아니라 중국, 일본에서 두루 즐기는 음식이다. 식해에 관한 유명한 일화가 중국에서 전해온다. 북송 때의 시인 소동파가 조정을 비방하는 시를 지었다는 누명을 쓰고 옥에 갇히게 되었다. 소동파는 옥바라지를 해주던 아들에게 자신의 목숨이 위태로워졌다는 소식을 듣게 되면 옥에 식해를 넣어 알려달라고 했다. 그런데 아들이 옥바라지를 위해 돈을 빌리러 다니는 사이에 그 내막을 모르는 친척이 식해를 옥에 들여보냈다. 절망에 빠진 소동파는 자신의 애절한 심정을 담은 시 두 수를 왕에게 지어 올렸다. 왕이 이 시를 읽고는 처벌을 경감해 황주로 유배 보내는 것으로 종결지었다고 한다.

십여 년 전 모 방송사에서는 일본의 대표음식인 '스시'의 기원과 유래를 추적하면서 아시아의 벼농사 문화가 만들어낸 위대한 생선 발효 문화를 소개했다.[8] 그 방송에서는 동남아시아와 중국, 우리나라, 일본에 존재하는 곡물·생선 발효 문화를 소개했는데, 이때에 우리나라의 가자미식해, 명태식해로 대표되는 식해가 함께 소개되었다.

식해는 생선이 주재료이긴 하지만 생선으로만 만드는 것은 아니다. 1800년에 발간된 『역주방문歷酒方文』에는 생선 대신 소 또는 양, 멧돼지 껍질, 그리고 후추를 쓴 것도 역시 식해라 했다. 1756년에 발간된 『북청읍지』에는 어물 진상품에 연어식해와 함께 생치生雉(꿩)식해가 나온다. 꿩고기로 만든 식해를 임금께 진상한 것이다. 하지만 이렇게 다양한 재료를 기반으로 한 식문화인 식해 문화는 어느새 다 사라지고 유일하게 동해안 일대에서 생선을 이용한 식해만이 명맥을 잇고 있다.[9]

요리연구가 황혜성 씨는 우리가 알아야 할 우리 음식 1백 가지 중에 식해를 포함했다. 현지인들도 잘 모르는 전국적으로 많은 식해가 있다. 생선별, 지역별로 나뉘는 식해를 거론하면 다음과 같다.

생선별

가자미식해, 명태식해, 북어식해, 마른고기식해, 아가미(서거리)식해, 오징어식해, 명란식해, 햇떼기식해, 도루묵식해, 대구식해, 임연수어(새치)식해, 조기식해, 청어식해, 전갱이식해(맹이식해), 멸치식해, 갈치식해, 낙지식해, 연어식해, 황어식해, 전복식해, 홍합식해, 게식해, 포식해(제사 끝나고 남은 포로 만든 식해), 홍치식해

지역별

함경도 가자미식해, 강원도 북어(북어포)식해와 더덕식해(더덕과 찹쌀밥, 골뚜기젓을 넣어 버무려 삭힌 식해), 경상도 마른고기식해(강원도 북어포식해와 유사), 황해도 연안식해(조갯살에 밥과 대추, 잣을 넣어 담근 식해), 울진식해, 영덕식해, 경북 홍치식해, 경남 홀데기식해, 진주식해(조기와 엿기름, 소금을 버무려 삭힌 식해), 밀양식해(말린 오징어와 북어, 조밥을 넣고 삭힌 식해)

강원도 영동 지역 중에서도 특히 속초는 함경도 출신 실향민들의 음식 문화와 지역 고유의 식해 문화가 함께 어울려 한국 식해의 메카로 손꼽힌다. 옛 문헌에서 보듯이 고성군의 간성 지역에서도 식해 문화가 발달했지만, 한국전쟁 이후 월남한 실향민들이 고향 함경도에서 해 먹던 식해를 다시 재현하는 과정에서 속초가 어느덧 식해 문화가 가장 발달한 지역이 되었다.

속초에서는 가자미식해와 햇떼기식해, 명태식해, 서거리식해, 도루묵식해, 오징어식해가 주로 만들어진다. 맛으로는 햇떼기(횟대기)로 담근 햇떼기식해를 최고로 친다. 햇떼기는 예전에는 흔했지만 지금은 많이 귀해졌다. 지금도 구할 수는 있지만 그 양이 많지 않다. 햇떼기는 살이 찰져서 식해를 담가놓으면 육질이 쫄깃쫄깃해 씹히는 맛이 좋다. 지금은 이보다 손쉽게 구할 수 있는 가자미식해가 대표 식해로 인정받고 있다.

가자미식해의 재료로 예전에는 참가자미도 썼지만, 참가자미는 뼈가 억세다. 보통은 어획량이 많지 않아 귀한 참가자미보다는 물가자미로 식해를 담갔다. 물가자미는 뼈가 물러서 잘 삭기에 식해 담그기에 안

성맞춤이다. 그러나 요즘은 물가자미도 어획량이 줄어 1두름에 3~4만 원 갈 정도로 많이 비싸졌다.

명태식해는 두툼한 육질이 있어 별미다. 과거 속초에서 명태는 주요 어획물로 잡아오면 내다 팔기 바빴고, 보통의 가정에서는 주로 햇떼기나 가자미, 도루묵으로 식해를 담가 먹었다. 지금은 한결 쉽게 명태식해를 구할 수 있다. 물론 앞바다 명태는 거의 사라졌으니 당연히 원양에서 잡은 명태로 만든다. 일부에서는 명태회무침과 명태식해를 구별 없이 팔기도 한다. 하지만 같은 명태 발효음식이라도 회무침과 식해는 여러 면에서 다르다. 다른 것보다 생선으로 식해를 담그면 뼈가 억세서 먹기 힘든 '대가리'도 말랑말랑해져 맛있게 먹을 수 있다. 오히려 머리째 식해를 담가야 더 맛이 난다.

지역적으로 보면 함경도식 식해와 동해안 경북 지방의 식해가 조금 다르다. 함경도식 식해는 밥 대신 좁쌀밥을 쓰는 게 특징이다. 메좁쌀을 주로 쓰고 종종 차좁쌀을 쓰기도 한다. 이 같은 방식은 논농사가 발달하지 않아 쌀이 귀했던 함경도 지방의 지리적 특성에서 비롯된 것으로 보인다. 속초에서 맛볼 수 있는 식해는 주로 좁쌀밥으로 만든 함경도식 식해다. 반면 포항과 영덕을 중심으로 하는 경북 지방에서는 밥식해가 발달했다.

함경도식 가자미식해의 맛은 '비린내가 없고 매콤하면서도 씹을수록 고소해지는 곰삭은 맛'이라고 표현된다. 가자미식해를 여름에 담글 땐 무를 넣지 않아야 꼬들꼬들한 맛이 유지된다. 또한 식해를 담글 때 엿기름(엿질금, 질금가루)을 넣느냐 아니냐는 때에 따라 다르다. 일반 가정에서 밥식해처럼 빨리 삭혀서 먹을 때 엿기름을 넣는다. 빨리 삭으라고 아랫목에 이불을 덮어놓으면 3, 4일이면 삭은 식해를 먹을 수 있다. 반면에 좀 더 지긋하게 시간을 갖고 숙성시켜 먹으려면 엿기름을 넣지 않는다. 그러면 보름가량 지난 이후에 먹기 시작해서 한 달까지도 보관하면서 먹을 수 있다. 엿기름이 안 들어간 식해는 맛은 좀 투박하지만 오랜 숙성으로 깊은 맛이 난다.

명태 1
여진의 살 냄새, 신라 백성의 그리움

명태明太 창난젓에 고추무거리에 막칼질한 무이를 뷔벼 익힌 것을 (…) / 시큼한 배척한 퀴퀴한 이 내 음새 속에 / 나는 가느슥히 여진의 살냄새를 맡는다 / 얼근한 비릿한 구릿한 이 맛 속에선 / 까마득히 신라 백성의 향수도 맛본다

시인 백석이 쓴 연작시 「함주시초咸州詩抄」의 첫 편

인 「북관北關」이다. 창난젓에 무를 썰어 넣은 반찬. 그것에서 여진족의 향취와 신라 사람의 분위기가 느껴진다니, 만주에서부터 경북 동해안의 거리가 무척 가까운 듯 여겨진다.

백석이 일제강점기 때 함경도 함주에 머물면서 쓴 이 시에 나오는 창난젓 반찬이 이곳 영동 지역에서는 그리 낯설지 않다. 바로 명태가 많이 나던 속초, 고성, 양양 지방에서도 창난이나 명태 아가미인 서거리에 무를 썰어 넣고 삭혀 먹었기 때문이다. 굳이 그것에 이름을 붙이자면 '창난젓깍두기'라고 할 수 있다.

명태는 서민의 음식이다. 한때는 우리나라 최대 어획 어종으로 가난한 서민들이 부담 없이 즐길 수 있는 생선이었다. 동해안에서는 이미 자취를 감췄지만 곳곳의 기록에 그 풍성했던 흔적이 남아 있다.

한국인들은 명태를 얼마나 좋아했을까? 1939년 수산학자 정문기 박사는 『동아일보』 기고문에서 명태를 조선 사람들이 가장 좋아하는 생선으로 소개했다. 당시에도 명태를 얼마나 많이 먹었는지, 연근해에서 한 해에만 1억 5천만 마리가 어획되었는데 그것으로도 모자라 일본 홋카이도에서 매년 약 6천만 마리를 수입했다. 당시 한반도 인구를 대략 2천만 명이라 할 때, 한 사람이 한 해 평균 열 마리의 명태를 먹은 꼴이다. 그 글에서는 명태를 가리켜, 춘하추동 어느 절기에라도 늘 챙겨놓고 필요하면 반찬으로도 먹고 관혼상제 제물로도 꼭 필요한 먹거리라고 소개했다.

한국전쟁 후의 고단한 삶을 명태와 소주로 달래는 내용을 담은 가곡 〈명태〉의 한 구절 "어떤 외롭고 가난한 시인이 밤늦게 시를 쓰다가 쐬주를 마실 때 그의 안주가 되어도 좋다 (…) 짜악 짝 찢어지어 내 몸은 없어질지라도"처럼 명태는 가난한 이들에게는 없어서는 안 될 국민음식이었다.

대중가요 속에도 명태가 나온다. 가수 한대수는 1975년 자신의 두 번째 앨범의 타이틀곡 〈고무신〉에서 "바람아 불어라 불고 불고 또 불어라 / 우리 아버지 명태잡이 내일이면 돌아온다 / 아이고 좋아 좋아 기분이 좋아 좋아 / 명태를 잡아오면 명탯국도 많이 먹고 / 명탯국이 나는 좋아 아이고 좋아 기분이 좋아 / 명탯국을 먹고 나서 명태가 몇 마리 남는다면 / 나머지 명태를 팔아서 고무신을 사서 신고 / 저 언덕 위에 있는 우리 촌색시 만나러 간다 아이고 좋아 기분이 좋아"라고 노래했다.

굳이 오래된 대중문화를 끄집어낼 필요 없이, 근

래에도 명태는 단골 레퍼토리였다. 실향민의 슬픔을 노래한 〈라구요〉로 유명한 가수 강산에는 2002년 발간한 앨범에 실린 〈명태〉에서 다음과 같이 노래했다. "피가 되고 살이 되고 / 노래 되고 시가 되고 / 이야기 되고 안주 되고 / 내가 되고 니가 되고 / 그대 너무 아름다워요 / 그대 너무 부드러워요 / 그대 너무 맛이 있어요 감사합니데이 / 내장은 창난젓 알은 명란젓 / 아가미로 만든 아가미젓 / 눈알은 구워서 술 안주하고 / 괴기는 국을 끓여 먹고 / 어느 하나 버릴 것 없는 명태 / 그 기름으로는 또 약용으로 쓰인데이제이요, 에이."

그렇다면 명태는 언제부터 한반도 사람들의 식탁에 올랐을까. 1949년 함경북도 나진만 대초도의 청동기시대 유적에서 명태 뼈가 발견되어, 선사시대부터 동해안 연안에서 잡힌 것으로 보고된 바 있다. 조선 후기 이전에는 "이름 없는 물고기는 먹어서는 안 된다"는 통념 때문에 명태를 잘 먹지도 않고 그에 관한 어업도 성하지 않았다고 전해진다.

그러다가 명태라는 이름이 우리 문헌에 등장한 것은 1652년 효종 3년 『승정원일기』에서다. 강원도에서 올라온 진상품 중에 대구어란에 명태란을 첨가하여 진상을 더럽혔다는 내용의 구절이 있다. 1765년 실학자 안정복은 이가환에게 보내는 서신에서 『여지승람』에 명태어明太魚, 도미, 멸어 등이 누락되어 있음을 지적하고 지역의 진귀한 산물은 제대로 기록해야 한다고 했다. 1871년 이유원은 『임하필기』 제27권에 명태의 이름에 대해 비교적 소상한 기록을 남겼다.

> 명천明川에 사는 어부 중에 태太씨 성을 가진 자가 있었다. 어느 날 낚시로 물고기 한 마리를 낚아 고을 관청의 주방 일을 보는 아전으로 하여금 도백道伯에게 드리게 하였는데, 도백이 이를 매우 맛있게 여겨 물고기의 이름을 물었으나 아무도 알지 못하고 단지 "태 어부太漁父가 잡은 것이다"라고만 대답했다. 이에 도백이 말하기를 "명천의 태 씨가 잡았으니, 명태라고 이름을 붙이면 좋겠다"고 했다. 이로부터 이 물고기가 해마다 수천 석씩 잡혀 팔도에 두루 퍼지게 되었는데, 북어北魚라고도 불렀다. 노봉老峯 민정중閔鼎重이 말하기를, "3백 년 뒤에는 이 고기가 지금보다 귀해질 것이다" 했는데, 이제 그 말이 들어맞은 셈이다. 내가 원산을 지나다가 이 물고기가 쌓여 있는 것을 보았는데, 마치 오강五江(지금의 한강 일대를 말함)에 쌓인 땔나무처럼

많아서 그 수효를 헤아릴 수 없었다.[10]

    명태의 또 다른 이름으로 옛 문헌에는 북어北魚가 나온다. 1798년 이만영의 『재물보』에 '北魚明太'라는 표현을 비롯해 여러 문헌에 북어가 언급된다. 북어는 북쪽 바다 또는 북관 지방에서 잡은 물고기라는 뜻이다. 북관 지방은 관북 지방이라고도 하는데, 함경남북도를 일컫는다. 서유구의 『난호어목지蘭湖漁牧志』에서는 명태의 생물을 명태, 건어를 북어라고 분류했다. 이때부터 북어가 북쪽 바다에서 잡은 고기라는 뜻에서 마른 명태라는 뜻으로 바뀌어 쓰인 것으로 보인다.

    19세기 초 어느 문집에는 함경도에서 생산되는 명태를 가리켜, 그것이 '마른 명태로 만들어져 원산에 집하된 뒤 배에 실려 운송되거나 말에 실려 고개를 넘는데 밤낮없이 사람과 말의 왕래가 끊이지 않아 우리나라 해산물 중에 청어와 더불어 가장 많다'고 쓰여 있다. 또 다른 문헌에서는 이것이 날마다 먹는 반찬이며, 또한 보통의 가난한 이들은 이를 제사 지낼 때에나 쓰고 선비 집안에서도 가난한 사람은 역시 제수용으로 쓰기 때문에 '천하게 쓰면서도 귀한 것'이라고 불렀다고 전한다.

명태 2
내 이름은 백 가지가 넘소

 명태는 그것을 부르는 이름이 1백 가지가 넘는다. 조업 방식에 따라 그물로 잡으면 망선태나 그물태 혹은 망태, 낚시로 잡으면 낚시태 또는 조태, 어획 시기에 따라 이른 봄에 잡으면 춘태, 동짓달 추운 겨울에 잡으면 동지태 또는 동지바지, 섣달에 잡으면 섣달바지, 겨울에 잡으면 동태冬太로 부른다. 어획 지역에 따라 연근해에서 잡은 건 지방태, 원양 조업으로 잡은 건 원양태로 부른다.

　건조와 가공에 따라 갓 잡아 온 싱싱한 건 생태, 알이 차 있는 건 알태, 얼린 건 동태凍太, 말린 건 북어 또는 건태, 얼고 마르기를 반복해 살이 노랗게 된 건 황태 또는 노랑태, 더덕같이 살이 잘 부푼 황태는 더덕북어, 검은 빛으로 마르면 먹태, 하얗게 마르면 백태, 딱딱하게 마르면 깡태, 머리를 떼고 말리면 무두태, 배를 갈라 펴서 말리면 짝태, 적당히 말려 끈으로 입을 꿰어 묶으면 코다리, 싸리가지로 꿰어놓는 건 관태다. 크기에 따라서도 다양한 이름이 있다. 작은 명태 치어는 앵치, 손바닥 크기부터 27센티미터 미만의 치어는 노가리 이외에도 크기에 따라 소태, 중태, 대태, 왕태로 구분해 부른다.

　명태는 하나도 버릴 게 없는 생선이라고 한다. 생태로 국을 끓여 먹기도 하지만, 보통 할복을 통해 내장과 부산물을 빼내고 건조 작업을 한다. 명태 할복을 '명태를 떼긴다'라고 불렀다. 보통 명태 할복과 건조 과정에서 나오는 명란은 명태 주인에게, 창난과 곤지(이리)는 할복하는 사람에게, 간(애)은 덕장 땅 주인의 몫으로 나눈다. 명태 아가미(서거리)가 없으면 마른 명태가 볼품이 없기 때문에 따로 떼어내지 않는다. 창난은 일일이 내장 속을 다 훑어내고 손질해서 물에 담궜다가 장사꾼에게 팔아 할복비를 충당했다.

보통 명태를 할복해 나오는 부산물 중 명란과 창난은 젓갈의 재료로 젓갈공장으로 가고, 애는 간유공장으로 갔다. 명란은 일제강점기 때부터 최고급 식품으로 국내만이 아니라 일본에도 다량 수출되었다. 해방 후 1959년부터 명란젓이 일본으로 수출되어 외화벌이에 큰 효자 역할을 했다. 동해안에는 강릉 위쪽의 도시 대부분에 다수의 명란 가공공장이 있었다. 이들 공장은 명태가 연안에서 사라진 이후에도 수입 명란으로 젓갈 생산의 명맥을 이어가고 있다.

동해에서 명태가 많이 잡히던 시절에는 곳곳에 명태 할복장이 있었다. 명태를 할복해 여러 부산물들을 떼어내고, 물에 씻어 명태를 통나무로 엮은 덕장에 걸었다. 명태를 걸어 말리는 덕장은 당시 동해안 어느 동네에서도 구경할 수 있는 풍경이었다. 빈 공터만 있으면 고랑대를 박아 명태를 걸었다. 덕장에서 말린 명태는 전국으로 팔려 나갔다. 각 지역의 큰 시장에는 마른 명태가 거래되는 장터가 만들어졌다.

보통 북어라고 부르는 형태로 말릴 때에는 영하 5도가량의 온도를 유지한다. 이와는 달리 영하 10도 정도의 고산지대에서 얼고 녹기를 반복해서 만들어지는 게 황태다. 황태덕장은 월남한 함경도 사람들이 대관령 횡계에 정착해서 처음으로 조성했다고 알려져 있다. 속초, 고성 사람들도 황태를 싸리가지에 꿰는 관태 작업을 위해 횡계까지 몇 달씩 다녀오곤 했다. 인제 용대리는 지금도 전국에서 가장 많은 황태를 생산하는 곳이다. 예전에는 속초, 고성의 도매상(화주)들이 의뢰해서 황태덕장에 명태를 걸었는데, 점차 인제 주민들이 직접 황태덕장을 운영하기 시작해 현재는 국내 제1의 황태마을이 되었다.

 황태와 북어의 맛에 대해서는 지금까지도 논란이 있다. 스폰지처럼 푹신푹신한 황태살이 더 맛있다는 의견도 있는 반면, 황태가 영하 10도의 추위에서 얼면서 영양분이 얼마간 빠져나가기 때문에, 맛은 좀 더 따뜻한 곳에서 말리는 북어가 더 낫다는 반론도 있다. 한편 예전에 속초, 고성 쪽에서 성행한 명태 건조업은 코다리 명태공장으로 발전했다. 예전같이 노지에 덕을 걸어 명태를 말리지 않고, 공장 안에 시설을 갖춰 놓고 명태를 할복하고 온풍기 등이 갖춰진 공장 안에서 명태를 건조한다. 이렇게 구덕구덕 적당히 잘 마른 명태를 '코다리'라고 한다. 지금 속초 대포농공단지에

코다리 공장이 들어서 있으며, 과거에 번성했던 청학동 노가리촌에도 아직 노가리와 명태건조공장이 몇 군데 남아 있다.

명태 눈알을 먹으면 눈이 좋아진다는 이야기가 있다. 명태의 이름에 '밝을 명明'이 들어가 있어 이런 말이 생겼는지는 모르겠지만, 실제로도 명태 애에 시력을 좋게 하는 비타민 A와 E가 풍부하다. 대구 애보다 비타민 A가 3배 이상 많다. 보통 바닷가에서는 명태의 간肝을 애라고 부른다.

우리나라 최초의 영양제인 '간유구'는 이 명태 애 기름으로 만들었다고 한다. 예로부터 야맹증이라든지 눈이 침침할 때는 명태 애를 먹었다. 1962년 통계자료를 보면 당시 속초에 간유공장이 있어, 연간 명태 간유 1,275드럼, 오징어 간유 374드럼을 생산했다.

명태 애는 기름이 풍부하고 그을음이 없다. 전기가 들어오기 전에는 이 애기름으로 등잔불을 붙이기도 했다. 명태 애는 후라이팬에 올려 볶으면 기름이 빠진다. 기름이 빠진 애는 건져서 반찬으로 먹고, 남은 기름에 건빵을 넣고 튀겨 애건빵을 만들어 먹었다. 과자 한 봉지 사기도 어렵던 시절, 명태 애 기름에 튀긴 애건빵은 바닷가 아이들에게 맛있는 간식거리였다.

명태로 먹고사는 속초 청호동 아바이마을 사람들에게는 '명태 애장' 또는 '조챗국'이라는 음식이 기억에 남아 있다. 싱싱한 명태와 명태 애, 소금을 넣고 끓인 국이다. 끓인 명태 애로 양념을 따로 만들어 먹는다는 점에서 보통의 명탯국과 다르다. 익은 명태 애를 건져 내 으깨어서 고춧가루와 다진 마늘을 함께 버무려 양념을 만든다. 국에 이 양념을 풀어 먹으면, 애기름이 많아 국물 맛이 고소하고 얼큰하다. 이 양념을 밥에 얹어 비벼 먹어도 별미다. 조채 또는 조치라는 말은 '고명'의 방언이라고도 하는데, 찌개의 옛말인 '조치'와도 관련 있어 보인다.

2009년 발간한 『고성군 명태어로 민속지』에서 장정룡 교수는 다음과 같이 적기도 했다. "명태는 겨울철 김장할 때 명태살이나 소금에 절인 아가미로 '서거리깍두기'를 만들어 먹거나 해방 전에는 북어에 피문어, 홍합, 파를 한데 넣어 '건곰'이란 국을 끓여 노인이나 환자들의 보신으로 애용했다고 한다. 이외에도 강원도와 함경도 주민들은 영양 부족으로 눈이 흐릿해지면 어촌으로 가서 명태 간유를 먹고 돌아왔다고 한다."

명태잡이가 성행하던 시절 동해안의 겨울 밥상은

온통 명태였다. 특히 속초에서는 겨울 김장에 적당히 마른 명태를 넣어 발효시켜 먹었다. 성한 명태는 내다 팔고 파치(상태가 좋지 않은 생선) 명태는 집에 가서 손질해 말려 살을 발라 기름을 넣고 볶아 반찬을 만들기도 했다. 도시락 반찬으로도 많이 싸 갔다. 꾸덕꾸덕 말린 명태를 졸여서 만든 명태조림도 밥상에 올렸다. 명란젓과 창난젓, 명태서거리깍두기, 명태곤지볶음, 명탯국. 한겨울 동해안 사람들의 밥상은 이렇듯 명태 요리로 가득했다.

시인 백석은 1930년대 말 함흥 지방에 거주하면서 향토색 짙은 시를 몇 편 남겼는데, 앞서 소개한 「북관」 말고도 1938년에 명태 관련 시를 한 편 썼다. 다음의 시 「멧새 소리」에 나오는 표현처럼, 겨울철 동해안의 여염집 처마 끝에는 명태가 고드름처럼 달려 있었다.

처마 끝에 明太를 말린다
明太는 꽁꽁 얼었다
明太는 길다랗고 파리한 물고긴데
꼬리에 길다란 고드름이 달렸다
해는 저물고 날은 다 가고 볕은 서러웁게 차갑다

나도 길다랗고 파리한 明太다
門턱에 꽁꽁 얼어서
가슴에 길다란 고드름이 달렸다

먼태

명태 3
통심이 쪄 먹으러 가자

내 고향이 북청군 만춘리인데, 거기서는 명태순대를 '통심이'라 해서 별미로 먹었어요. 창자를 빼고 녹두, 두부, 돼지비계를 버무려서 넣고 쪄 먹으면 아주 맛있지요.[11]

한국전쟁이 끝난 뒤 이곳 영동 지역에 정착한 함경도 월남 실향민들이 가장 즐겨 먹던 순대가 명태순대다. 함경도 해안지방에서는 돼지 내장이 귀했기 때문에 명태가 많이 나는 겨울에는 돼지 대창 대신 쉽게 구할 수 있는 명태에 속을 채워 만든 순대를 제사상이나 잔칫상에 올리고 겨울 별미로도 밥상에 올렸다. 영동 지역으로 이주해 온 뒤로는 '통심이'라고 부르는 명태순대를 함경도 고향에서 하던 방식으로 만들어 먹었다.

명태순대는 명태의 내장을 꺼내고 그 속에 순대소를 채워 넣은 것을 말한다. 명태 중에서도 아주 큰 걸 골라서 배를 가르지 않은 채 아가미와 내장을 꺼내고 등뼈까지 발라낸다. 꺼낸 애와 곤지 등은 된장과 후춧가루, 고춧가루 등을 넣고 간을 맞추어 끓인다. 삶은 배추(또는 김치), 두부, 돼지고기, 숙주나물을 양념(마늘과 파, 후추, 된장 등)에 버무려 잘 손질한 명태 뱃속에 넣는다. 돼지고기가 귀하던 시절에는 돼지비계를 넣기도 했다. 명란이나 창난을 함께 넣기도 한다. 애(간)와 곤지(이리)를 잘게 부숴 넣어야 고소한 맛이 난다고 하는데, 어떤 이는 "명태 애는 빨리 쩌들기에('쩌들다'는 '절다'의 뜻을 가진 북한어) 넣으면 안 된다"라고도 한다.

소를 넣어 만든 명태순대는 한겨울 처마 밑에 내

다 걸어 얼린다. 보름 정도 걸어놓으면 명태순대가 얼면서 꾸들꾸들하게 마른다. 이렇게 얼마른 명태순대를 찜통에 넣어 쪄서 먹거나 숯불에 구워 먹는다.

이곳의 실향민들은 설 명절음식 중에서 명태순대를 최고의 별미로 쳤다. 싱싱한 명태만 있다면 사계절 만들어 먹을 수 있지만, 아무래도 명태가 많이 나는 제철인 한겨울에 제맛을 볼 수 있는 음식이다. 단순히 명절음식만도 아니었다. 평소에는 먹어볼 수 없는 좋은 재료가 들어가기에 귀한 음식으로 제사상에도 올렸다.

안타깝게도 명태순대에 관한 옛 기록은 찾을 수 없다. 신문기사로는 1967년 1월 23일자 『경향신문』에서 처음 확인된다. 1면 하단의 칼럼 「여적餘滴」에서 "생태 뱃속에 순대를 만들어 넣어 얼군 명태순대를 구워서 상에 올려놓으면 식욕이 저절로 솟아나기 마련이다"라고 소개했다.

같은 해 11월 20일자 『경향신문』의 「계절의 맛, 동태」에서는 "동태의 내장과 뼈를 빼고 그 속에 고기, 두부, 채소 등을 다져 조미하여 밀어 넣고(아가미부터—원문주) 고춧가루, 간장, 기름 등으로 조리하여 익힌 동태순대는 청주 안주로 좋다"라고 소개했다.

2001년 11월 29일자 『조선일보』의 칼럼 「만물상」에는 명태에 대한 추억이 소개되었다. "명태 살은 국과 찌개로 먹고 알로는 명란젓, 내장은 모아서 창난젓을 담근다. 눈알은 구워 술안주로, 고니는 국거리로 쓰고, 내장 자리에 다진 양념과 소를 넣으면 명태순대가 된다." 이 칼럼에서는 명태가 "관혼상제에서 빠질 수 없는 품목이기도 한데, 이는 태조 이성계가 함경도 지방에 있을 때 명태를 매우 즐긴 데서 유래했다고 한다"라고 소개했다.

영동 지역의 실향민 가정에서 겨울이면 종종 해 먹던 명태순대는 2010년 이후 실향민 음식에 대한 언론보도 등을 통해 널리 알려졌다. 2011년 4월 7일에는 KBS〈한국인의 밥상〉'함경도 실향민 밥상' 편에 명태순대가 소개되기도 했다. 이런 영향으로 특히 속초 청호동 아바이마을에서 명태순대를 직접 만들어 파는 식당이 하나둘 생겨났다. 그 식당들에서는 명태순대를 손수 수작업으로 만들어 팔고 있다. 명태순대의 제조가 까다로워서인지 공장 생산은 아직이다.

명태가 많이 나는 함경도에서는 10월부터 다음 해 1월까지 명태잡이 기간 중에 명태 1백 바리를 잡으면 기념으로 떡을 해서 선원들과 가족들, 동네 사람들이 두루 나눠 먹었다. 이것을 백바리떡이라고 한다. 한 바리는 1백 두름, 한 두름은 스무 마리니, 1백 바리면 20만 마리다. 농사로 치면 대풍년인 셈이다. 함경도 출신 아바이마을 주민들도 한동안 백바리떡을 해서 나눠 먹었지만 명태가 나지 않게 되면서 이 풍습 또한 함께 사라진 것으로 보인다.

2000년대 들어 명태 어획이 급격히 줄어들더니 이제는 거의 잡히지 않는다. 지난 2014년부터 동해안 명태 살리기 프로젝트가 시작되었다. 대구의 사례처럼 동해안에도 다시 명태가 돌아오기를 간절히 희망했지만, 아직도 희망의 소식은 들려오지 않는다. 2018년 말에는 고성군 공현진리 앞바다에서 2만 마리 가까이 명태가 잡혀서 혹시 방류한 치어가 자라서 잡힌 것은 아닌가 다들 기대했다. 실망스럽게도 당시에 잡힌 명태는 모두 자연산 명태로 밝혀졌다.

2019년 1월 21일 수산자원관리법 시행령 개정에 따라 명태 금어기가 1월 1일부터 12월 31일까지로 정해졌다. 우리나라 바다에서는 명태 포획이 전면 금지된 것이다. 고갈된 명태 자원을 보호한다는 취지였다. 그러나 다른 물고기를 잡느라 쳐놓은 그물에 걸려서 죽은 명태는 어떡할 거냐는 어민들의 항의에 수산 당국은 답이 없었다. 공식적으로는 더 이상 국내산 명태를 먹어볼 수 없게 되었다.

동지섣달 칼바람에 만선기를 흩날리며, 찰랑찰랑 물에 잠길 듯 명태를 가득 싣고 배들이 항포구에 들어오면, 그날은 바닷가 온 동네가 잔칫날처럼 신이 났다. 이제 명태의 추억은 아린 기억으로 남아 있을 뿐이다. 언제 그런 날이 다시 올까?

소금
이곳은 본래 소금버덩의 고장

영동 지역, 그중에서도 양양의 산물에 대한 최초의 기록은 1454년 단종 2년에 완성된 『세종실록지리지』 양양도호부 편에 나온다. (당시에는 속초가 양양에 속해 있었다.)

토의(土宜, 땅의 성질이 알맞음) 오곡, 뽕나무, 삼, 왕골, 감, 배, 밤, 닥나무, 칠漆(옻나무의 수액)

토공(土貢, 공물) 꿀, 밀랍, 잣, 호두, 오배자(붉나무 벌레집, 약재), 지초芝草(버섯류), 석이버섯, 여우가죽, 살쾡이가죽, 노루가죽, 돗자리, 시우쇠正鐵(무쇠를 불에 달구어 단단하게 만든 쇠붙이의 하나)

약재 인삼, 오미자, 당귀, 복령茯苓, 안식향安息香, 큰잎용담뿌리, 궁궁芎藭(천궁), 살모사, 웅담, 방풍, 단풍나무진, 백급白芨(자란의 뿌리를 말린 약재), 목단피牧丹皮(모란 뿌리의 껍질)

토산(土産) 조릿대篠(화살 만들기 적합한 대나무), 석철石鐵이 양양 서쪽 10리 철굴산鐵掘山에서 난다. 소금가마〔鹽盆〕가 스물두 곳, 동산현의 소금가마는 열여덟 곳이다.[12]

여기서 주목할 만한 것은, 강원도 동해안 고을마다 모두 소금가마의 개수를 기록했다는 사실이다. 지금은 소금이라면 서해안 천일염전에서만 나오는 걸로 알고들 있다. 그러나 조선시대에는 서해안뿐만 아니라 동해안 바닷가에서도 많은 양의 소금이 생산되었다. 당시 강원도 해안 지역에서는 바닷물을 끓여 소금을 만드는 소금가마가 다수 자리 잡고 있었다. 이 숫자는 동해안에 인접한 인근 함경도와 경상도의 숫자보다 월

등하게 많은 것이었다. 즉 조선시대에는 소금 생산이 이 지역의 주력 산업이었다고 볼 수 있다.

세종 때 강원도 지역의 소금가마 개수를 보면, 강릉도호부 스물세 곳, 연곡현 다섯 곳, 우계현 스무 곳, 양양도호부 스물두 곳, 동산현 열여덟 곳, 삼척도호부 마흔 곳, 평해군 마흔여섯 곳, 울진현 예순한 곳, 간성군 열일곱 곳, 열산현 여섯 곳, 고성군 여섯 곳, 안창현 열한 곳, 통천군 서른여섯 곳, 흡곡현 세 곳이다.

이에 반해 서해안의 경우 소금생산지(鹽所)와 소금창고(鹽干)를 기록했다. 전라도 부안의 경우, 소금생산지와 소금창고가 각각 한 곳이라고 기록했으며, 소금생산자가 103명, 봄과 가을에 바치는 소금이 1,127석 남짓하다고 적었다.

소금가마에 부과하는 염세鹽稅는 나라의 중요한 세금 수입원이었다. 지리지에 지역별로 꼼꼼하게 소금가마의 개수를 적은 이유가 여기에 있다. 조선 초기에 염세는 상당히 과중했다. 세종 9년 강원도 감사는 영동 지방에서 소금을 공납하는데 소금생산자 한 명당 1년 수납이 스무 섬이라 큰 고통을 당하고 있어 이를 감해달라고 청했다. 이에 세종은 소금 세납을 절반으로 감하도록 하명했다.

세종 9년 4월 24일자에는 "동해안 소금생산자들은 소금을 굽는 일로 농사를 대신해 생계를 유지하는 자들인데, 근래에 연해변의 소나무 베는 것을 금하는 법령이 엄중하여 먼 곳에서 나무를 해 오기 때문에 소와 말이 죽거나 상하게 되고, 매년 납부하는 소금 수량을 채우지 못해 사람들이 몹시 고통을 당하고 있다"고 감면 요청 사유를 기록하고 있다.

본래 우리나라 전통 소금 제조 방식은 소금가마에서 바닷물을 끓여서 만드는 방식이었다. 이렇게 만들어진 전통 방식의 소금이 자염煮鹽이다. 갯벌 염전을 이용한 천일염은 1907년 인천 주안염전에서 처음 생산되었으며, 가열 방식이 아니기에 생산 단가가 저렴해서 그 뒤로 황해도 일대에 많이 들어섰다. 그러다가 남북이 분단된 이후에 남쪽에는 염전이 없어 소금이 부족해지자 서해안 갯벌 지역에 염전이 집중적으로 들어서게 되었다.

이 과정에서 소금가마를 이용해 생산한 전통 자염은 경쟁력을 잃어갔다. 강원도 동해안 일대에 있던 수많은 소금가마도 이때 모두 사라졌다. 동해안의 소금산업은 일제강점기에 성행했는데, 당시에도 소금을 굽는 사업은 꽤 잘 나가는 사업으로 적잖은 수익을 올렸다고 한다. 강릉의 선교상 집안도 조선시대에 강릉에 정착한 후 소금사업에 뛰어들어 큰 부를 축적했다. 속초의 부월리나 양양의 조산리, 정암리, 고성의 용촌리, 문암리, 동호리, 아야진리 등 바닷가 마을에서도 소금을 생산했다고 한다. 특히 고성 용촌리 바닷가 모래사장은 예전에 '소금버덩(소금벌)'이라고 불렀다. 양양에는 염전거리(정암리), 소금재(중복리)라는 지명이 남아 있기도 하다.

옛 문헌에도 강원도의 소금가마에 대한 이야기가 일부 확인된다. 다만 같은 자염이지만 동해안 소금은 갯벌 조수간만을 이용해 만드는 서해안 소금보다 품질이 떨어진다는 평도 있고, 제조 방법이 서해안 갯벌 소금가마와는 조금 다르다는 기록이 있다.[13]

동해안에서도 지금 소금이 생산되고 있다. 울산의 한주소금에서는 1977년부터 해수농축공법을 통해 불순물을 제거한 정제소금을 만들고 있다. 경북 울진에서는 2014년 황토를 이용한 전통 토염을 복원해 판매 중이다. 강원도 고성군에서는 2022년부터 2백 미터 이하 심해에서 청정 해양심층수를 끌어와 소금을 생산·판매하고 있다.

이들 모두 동해안의 깨끗한 바다 환경과 풍부한

영양 염류를 바탕으로 미네랄이 풍부한 소금을 강점으로 내세운다. 과거 소금버덩에서 땀 흘려 일하는 이들이 키운 그 소금맛을 다시 확인하기는 어렵겠지만, 이처럼 복원사업이 이어지는 것은 환영할 만하다.

소금과 배
낙산사의 금표는 1백 보에 불과하고
바다는 지극히 넓은데

　　조선시대에 낙산사는 왕실의 보호를 받는 특별한 사찰이었다. 태조의 선조인 익조가 낙산사 관음굴에서 기도를 하고 도조(태조의 조부)를 낳았다는 이야기가 전해온다. 그래서 숭유억불이라는 국시에도 불구하고 낙산사는 왕가의 혈통을 잇게 만든 신성한 사찰로 인정받았다. 조선을 개국한 태조 이성계도 왕위를 물려주고 나서 이곳 낙산사에 행차해 능엄법회를 크게 열었다. 태종도 낙산사에 내신을 보내 법회를 열었으며, 세조는 정희왕후와 어린 세자 예종을 데리고 직접 이곳 낙산사에 행차한 뒤, 이곳을 예종의 무병장수를 비는 원찰로 삼고 대대적인 사찰 중건을 지시했다. 중건 비용은 모두 국가에서 부담했지만 워낙 큰 공사라 지역의 피해는 매우 컸다. 강원도 관찰사가 낙산사 조성 비용을 민간에 조세로 부담시킨 것이 문제가 되어 국문을 당하기도 했다. 예종 때는 낙산사를 보호하기 위해 절 부근 민가를 5리 밖으로 모두 이주시켰다.

이뿐만 아니라 낙산사는 조선시대에 큰 은전恩典을 받은 사찰이었다. 조선 왕실은 낙산사 승려의 부역과 염세를 감해주고 토지와 노비도 하사했다. 은전은 여기에 머물지 않았다. 세조 때부터 인근 백성들이 소금을 구워 낙산사에 공급하도록 했다. 낙산사와 월정사, 유점사 등에 공납 하사하는 소금이 1년에 2백여 석 정도였다고 하니 당시 동해안의 열악한 경제 규모로 볼 때 실로 엄청난 양이었다. 아울러 사찰 보호를 위해 옛길을 막고 험한 산길로 우회해 통행하도록 했으며, 사찰 주변의 밭은 경작을 금지시켰고, 일반 백성들이 낙산사 근처 바닷가에서 미역 채취와 어로 행위를 하지 못하게 했다.

소금과 배

낙산사에 대한 과도한 특혜는 오래도록 국사의 논쟁거리였다. 성종 때 대신들이 소금 공납을 중단해 민폐를 덜게 해달라고 요청했으나 성종은 선왕이 했던 일로서 이를 그만둘 수 없다고 물리쳤다. 대신들이 수차례에 걸쳐 낙산사의 옛길을 열고 어민들의 해물 채취를 허해달라고 청했으나 성종은 이것도 거절했다. 이를 요청한 대신들 중 당대 실세라 할 한명회, 서거정도 포함되어 있었으나 워낙 성종의 의지가 강하여 뜻을 이루지 못했다.

1478년 성종 9년 7월 대사간 안관후가, 낙산사에 옛길을 열고 금표禁標를 치워달라는 백성들의 바람을 다시금 고하자 성종은 "낙산사의 금표는 1백 보에 불과하고 해수海水는 지극히 넓은데, 하필 1백 보 안에서 고기를 잡아야 할 것은 무엇이냐? 옛길은 절에서 거리가 멀지 아니한데, 대개 양양을 왕래하는 사자使者들이 기생을 탐하여 오래 머물면서 간혹 횃불을 들고 밤길을 다니다가 불을 내어 연소될 염려도 없지 않으니, 만일 옛길을 다시 연다면 내가 기생을 없애버리겠다"라고 말했다. 이에 안관후는 "양양에 기생이 있는 것은 유래가 오래인데 만약 기생을 없애버린다면 절을 위해서 없앴다고 할 것"이라고 반박했다. 이처럼 조선 초에는 유생들이 낙산사 경내에 들어와 기생과 어울려 술판을 벌이는 경우가 많았다고 한다.

1478년 성종 9년 사헌부 집의執義 김춘경의 상소에는 다음과 같은 내용이 들어 있다.

강원도 한 도는 토지가 메말라서 백성의 생활이 곤궁하여 바닷가에 사는 자는 농사를 짓고 물고기를 잡아도 스스로 살아나가지 못하니, 전하께서 사랑하고 불쌍히 여기기를 다른 지방에 비해서 더욱 마음 써야 할 것입니다. 그런데 낙산사 근방의 땅은 토질이 기름지고 물고기를 잡는 이로움이 있는데도 이제 백성이 개간하거나 경작하는 것을 금하고 사람들이 물고기 잡는 것을 금하여 그 의거할 바를 끊으니, 민생民生의 원망을 어찌 다 말할 수 있겠습니까? 또 절 북쪽의 옛길은 예로부터 통행하던 큰 길인데, 지난번 그 길이 절에 가깝다고 하여 높고 험한 곳에 새 길을 내고 또 이십여 리里를 돌아가게 하였으니, 그 다니는 자의 괴로움을 또한 어찌 다 말할 수 있겠습니까? 신 등이 생각건대 무지한 백성이 말하기를, '전하께서 불교를 숭상하고 믿어서 낙산사 하나를 위해 백성을 해롭

게 함이 이와 같다'고 할 듯합니다.[14]

연산군 때도 낙산사 소금 공급 논란은 다시 반복되었다. 호조를 비롯해 신하들이 수차례에 걸쳐 낙산사 승려들이 스스로 소금을 구울 수 있는데 무엇 때문에 지급하느냐며 중단을 요구했다. 앞서 말한 것처럼 당시 낙산사에 보내는 소금은 2백여 석에 이르렀다. 그럼에도 연산군도 선왕의 뜻이라며 허락하지 않았다.

실록에 따르면, 당시에는 소금을 백성들이 직접 운반해 바쳤다. 소금이 정한 수량에서 모자라면 백성들의 옷과 갓을 빼앗기도 했고 관계자들이 책임을 추궁당했다. 대신들은 소금의 수량을 줄이거나, 수량을 줄이지 못한다면 승려들이 직접 받아 가기라도 해달라고 요청했으나 거절당했다. 이렇게 논란을 빚은 낙산사 소금 공납이 언제 없어졌는지 이후 실록의 기록에는 실려 있지 않다.

또한 낙산사에는 예부터 배나무밭이 있어 배가 많이 열렸다. 세조가 이곳 낙산사로 행차했을 때 승려가 따서 왕세자에게 바쳤던 공납이 관례가 되어 수백 년간 이어졌다. 그러다 영조 무렵 산불이 나서 배나무가

소금과 배

모두 불에 타 사라졌음에도 공납은 계속되어 승려들이 매우 힘들어 했다.[15] 이렇게 길고 긴 논란 끝에 결국 낙산사의 배와 미역 공납은 그로부터 45년 후인 정조 9년(1785)이 되어서야 폐지된다.

그해 11월 정조는 낙산사와 관련해 특별한 하교를 내렸다. 낙산사가 가장 뛰어난 명찰이라서 나라에서 하사해준 전토와 노비, 염전 등이 넉넉하고 후했는데 대부분 유실되었다고 하니 이를 소생시킬 방안을 강구해서 올리라는 것이었다. 무슨 이유로 조선 왕실 제1의 원찰이었던 낙산사가 배와 미역 공납조차 버거워질 정도로 어려워졌을까? 그 깊은 내막이야 알 길이 없지만, 낙산사 배가 맛이 없어 임금에게 올리지 않았다면 후대에 공납으로 인한 고통도 없었을 것임은 분명하다.

지금 낙산사에는 1915년 일본으로부터 처음 들여온 낙산배의 시조목이 있다. 이 나무를 시작으로 지금의 양양 낙산배가 퍼져 나갔다. 이것과 같은 배는 아니지만, 양양 낙산사의 배가 수백 년 그 명성이 이어져 왔음을 잊지 말아야 한다.

정어리
일본을 망하게 한 물고기

1923년부터 1940년대 초까지 동해안 일대는 세계 최고의 정어리 어장이 형성되어 단일 어종으로 세계 1위의 어획고를 기록했다. 그러자 세계적 수준의 어유 제조공장이 동해안 곳곳에 들어섰고 이에 따라 조선의 수산업은 유례없는 대호황을 누렸다. 당시 정어리가 얼마나 많았는지 정어리 떼에 부딪혀 배가 난파되었다는 이야기도 있고, 비행기 조종사가 바다를 내려다보다가 전에 없던 섬을 발견했는데 그게 알고 보니 정어리 떼였다는 이야기도 있다.

정어리는 그 기름이 유용하게 쓰인 생선이다. 정어리 기름을 정제 가공해 공업용 유지와 선박 연료, 화약, 화장품, 의약품을 만들었으며, 기름을 짜고 난 찌꺼기는 온박이라 하여 농업용 비료나 사료로 썼다. 특히 식민지 조선의 공업화와 맞물려 정어리 기름의 수요가 크게 급증해, 정어리 어획과 온유비鰮油肥 공장[16]이야말로 당대를 대표하는 대활황 산업으로 자리 잡았다. 온유비 공장이 노다지 산업으로 알려지면서 돈푼깨나 있다는 사람들이 너나없이 사업에 뛰어들었고 어떤 사람들은 그냥 앉아서 두 배의 이윤을 남겼다고도 한다.

일본은 2차 세계대전 중에 미국을 선제 공격하면서 태평양으로까지 전쟁을 확대시켰다. 그러다 보니 기름이 부족해졌고, 그리하여 군수용 기름의 50퍼센트를 정어리 기름으로 충당하려 했다. 하지만 신기하게도 1940년 이후부터 정어리 어획이 급감하면서 해방 전후에는 동해안 일대에서 그 많던 정어리를 아예 찾아볼 수 없게 되었다. 그래서 당시 사람들은 정어리가 일본을 망하게 했다고 하여 정어리를 '일망日亡치'

라고 불렀다고 한다.

　1930년대 동해안 바닷가 주민들은 정어리로 먹고 살았다고 해도 과언이 아니다. 항구마다 정어리 대풍으로 전국에서 사람들이 모여들었고 공장이 들어섰으며 도시가 형성되었다. 함북 청진항, 함남 흥남항, 신포항과 원산항, 강원도 장전항과 속초항, 대포항, 주문진항을 거쳐 남해안까지 정어리 어획이 넘쳐났다. 일본의 식민지 수탈의 대표적인 사례인 온유비 공장의 경우 일본을 대표하는 대자본이 주도하여 대규모 공장을 세우고 유통을 독점했으며, 이에 조선인들도 제조 공장 운영에 함께 뛰어들었다.

　속초에는 당시 일본 최고의 재벌이던 미쓰이三井 그룹이 설립한 종연조선수산의 직영 공장을 비롯해 일본 대자본의 온유비 공장이 다수 있었다. 1937년 9월 8일자 『동아일보』에 따르면, 대포수산조합 관할만 하더라도 정어리를 가공하여 기름을 짜는 온유비 공장이 80여 개가 들어섰으며 생산액만 연 60만여 원에 달해, 속초에 온유비 제품 검사기관을 설치해달라고 업자들이 요구하고 나서기도 했다.

　1940년대 속초의 지역 유지라 하면 수산업과 온유비 가공업으로 재력을 일군 사람들이 다수였다. 정어리 어획과 가공공장에 종사한 속초 주민만도 수천 명에 이르렀다고 한다. 그렇게 호황이던 정어리 산업이 어획량 급감에 사그라들고 말더니, 이제는 정어리를 이곳 동해에서 찾아볼 수조차 없게 되었다. 한때는 일본을 흥하게 하고 곧이어 일본을 패망하게 만든 정어리를 보면서, 인간사의 새옹지마를 생각한다.

함흥냉면
랭면을 맛보고 애걸하거늘

냉면冷麵은 우리나라 고유의 음식이다. 조선시대에도 냉면을 즐겼다는 문헌 기록이 나올 정도로 그 역사가 깊다. 근대적인 외식 문화가 시작되면서 냉면은 우리나라 최초의 외식요리로 각광받게 됐다. 집 밖에서는 대개 국밥으로 끼니를 때웠지만, 별미로 먹는 건 냉면이었다. 1907년 7월 6일자 『대한매일신보』에는 투옥된 의병장 민종식과 관련한 냉면 이야기가 실렸다.

리 씨의 정성

민종식 씨의 겸인傔人(양반집에서 잡일을 맡아보거나 시중을 들던 사람) 리종원이가 그 주인을 위하는 성의는 지난 호에도 게재하였거니와 리 씨가 그 주인 민종식 씨를 위하여 그저께 랭면 한 그릇과 랭수 한 그릇을 가지고 감옥서 문전에서 민 씨께 드리기를 청하매 거절하고 드리지 않는지라. 리 씨가 초조하여 말하기를, 이 음식에 혹 의심이 있어 그러하느냐 하고 랭면과 물을 먼저 맛보고 애걸하거늘, 랭면은 받아 들여가고 물은 거절하고 들이지 아니하였다더라.

민종식(1861~1917)은 을사조약 체결 이후 1906년 3월 홍주(홍성)에서 1천여 명의 의병을 일으켜 일본군에 맞서 싸웠다. 일진회원의 밀고로 그해 11월 20일 붙잡혀 다음 해인 1907년 7월 3일 교수형을 선고받았으나 선고 다음 날 내각회의에서 종신유배형으로 감형되어 진도로 유배되었다. 바로 이 냉면 일화가 있던 날이 7월 4일이니, 교수형을 선고받은 그다음 날이다. 혹 살아생전 마지막이 될지도 모르는 별미음식이 바로 냉면이었던 것이다. 그러나 냉면 육수는 불허되고 면만 허락되었으니, 감옥 안에서 냉면 맛을 제대로 볼 수나 있었을까? 이 같은 안타까운 사연 외에도, 구한말 신문에는 도박장에서 냉면을 시켜 먹는다는 기사, 일본인이 냉면집에서 무전취식하고 달아나다 잡혔다는 기사가 나온다. 그만큼 냉면은 보편화된 음식이었다.

일제강점기 때는 냉면이라 하면 평양냉면을 뜻했다. 고기를 삶아낸 육수에 메밀국수를 말고 고명으로 돼지고기 등을 얹어 먹었는데, 여름철에는 고기가 상하여 식중독 사건이 자주 일어났다. 그러다 1910년 우리나라에 상륙한 최초의 합성조미료 MSG인 '아지노모토'로 육수의 맛을 내면서 고기를 대체할 수 있었다. 찰기가 없어 잘 끊어지는 메밀에 탄력을 더해주는 식용소다를 쓸 수 있게 되면서 냉면집은 더욱 성업했다. 평양을 비롯해 지역별로 냉면조합이 생겨났고, 노동조합 또한 결성되어 파업투쟁을 벌이기도 했다.

그렇다면 함흥냉면은 언제부터 먹게 되었을까. 함흥냉면이라는 말은 한국전쟁 후 함경도 실향민들이 그렇게 이름을 붙여 냉면을 팔기 시작한 데서 비롯되었다. 원래 함경도 지방에 함흥냉면은 없었고, 그 원조 격인 농마국수(녹말국수)가 있었다. 함경도에는 감자가 많이 생산되어 감자를 이용한 음식이 많이 발달했는데 대표적인 게 바로 이 농마국수다. 냉면은 메밀로 국수를 뽑았는데, 함경도는 메밀이 귀해서 감자로 녹말가루를 내어 국수를 뽑게 된 것이다.

함흥냉면은 평양냉면과 구별되는 몇 가지 특징이 있다. 메밀로 뽑아 면이 툭툭 잘 끊어지는 평양냉면에 비해 함흥냉면은 차진 녹말로 국수를 뽑기에 "쇠심줄보다 질기다"는 표현같이 질기면서도 오돌오돌 씹히는 맛이 있다. 요즘은 감자 녹말보다는 고구마로 만든 녹말을 사용해 뜨거운 물로 반죽해 면을 뽑아낸다. 이북에서는 감자 녹말을 썼지만, 남한에서 함흥냉면이 팔리게 되면서는 고구마 녹말로 면을 뽑게 되었다.

평양냉면은 시원한 육수의 담백한 맛을 위해 양념을 밋밋하게 가미한다. 반면 함흥냉면은 함경도 고유의 음식풍인 자극적인 양념으로 얼얼하고 땀이 날 정도로 매운 맛을 낸다. 여기에 바닷가에서 나오는 가오리나 가자미 등을 회로 만들어 적당히 삭혀서 고명으로 얹은 뒤 회냉면이라는 이름으로 내놓았다. 가자미는 참가자미나 물가자미를 썼는데, 요즘은 이도 귀해서 명태를 적당히 말려 초무침 한 걸 얹는다. 이를 명태회 또는 명태초무침이라고 하고, 코다리무침이라고도 한다.

보통 평양냉면은 물냉면이라 하고 함흥냉면은 비빔냉면이라고 한다. 그러나 이 지역 사람들 대부분은 함흥냉면에도 적당히 육수를 부어 먹는다. 육수를 어느 정도 붓느냐는 취향에 따라 다르다. 요즘은 평양냉면도 비빔으로 먹기도 한다니, 비비느냐 국물에 마느냐는 그 둘의 구분점이 되지 못한다고 할 수 있다.

속초에 함흥냉면집이 들어선 것은 한국전쟁 중인 1951년으로 거슬러 올라간다. 함흥 출신 이섭봉 씨가 속초 시내 7번 국도변에 야산을 깎아서 움막집을 짓고 나무 식탁과 의자를 놓아 '함흥냉면옥'이라는 이름으로 냉면 장사를 시작했다. 1950년대 말까지는 장사를 하다 말다 했지만, 60년대에는 본격적으로 함흥냉면 식당으로 자리 잡았다. 함흥냉면의 원조로 알려진 서울의 오장동 함흥냉면이 1954년 청계천 평화시장 근처에서 천막을 치고 냉면을 팔기 시작했다고 하니, 사실 이곳의 함흥냉면이 몇 년 더 앞서는 셈이다.

남한 땅에 정착한 함경도 월남 실향민들로부터 시작한 함흥냉면은 평양냉면을 압도하고 대표적인 국민

음식으로 자리 잡았다. 그것은 맵고 자극적이고 질긴 냉면의 맛이 남쪽 사람들의 입맛에도 잘 맞았기 때문이다. 가만 보면 여느 식당 메뉴도 하나같이 맵고 얼얼해서 인기를 끌고 있을 정도로 한국 사람들은 맵고 자극적인 음식의 유혹에 약하다.

함흥냉면은 특히 실향민의 집단 정착촌인 속초에서 가장 인기를 누린 음식이었다. 실향민들뿐만 아니라 속초 토박이들도 냉면을 즐겨 먹었다. 이곳의 막국수 식당들도 제법 오래되었지만, 냉면집 숫자에 비하면 턱없이 적었다.

속초 시민의 대표음식이 된 함흥냉면을 1973년 8월 9일자 『조선일보』에서 당시 속초 주재기자였던 동문성 씨가 소개한 바 있다.

속초의 함흥냉면은 1·4후퇴 때 자유를 찾아 월남한 함흥 사람들이 옮겨놓았다. 굳이 함흥에서 만든 냉면과 다른 점이 있다면 녹말가루 대신 주성분으로 고구마 맛가루를 쓴다는 점이다.
함흥냉면의 특징은 양념을 쓰는 방법에 있다. 고추는 꼭지를 떼고 기계로 가는 대신 똑딱방아를 쓰는 것. 다른 양념인 생강 마늘도 기계로 갈지 않고 방아로 찧는다.

고구마 맛가루를 더운물로 반죽하여 덩어리를 만든 다음 국수틀에 넣어 뽑고 5분간 끓여 찬물에 씻어 내어 사리를 만든다. 다음이 육수. 냉면의 맛은 시원한 육수 맛이 좌우한다고 해도 과언이 아니다. 쇠고기 엉덩이살을 1시간 이상 나무를 때어 삶아 내는 것이 함흥냉면의 육수 만드는 법.

함흥냉면은 비빔국수와 생선 회국수로 나뉘는데 속초 지방에선 생선회국수를 알아준다. 가자미, 가오리, 광어, 상어 등을 생선 비린내가 나지 않게 요리하는 것이 비결이다.

냉면은 계절을 가리지 않고 우리나라 사람들이 즐겨 찾는 음식. 겨울에 먹는 냉면 맛과 여름에 먹는 냉면 맛은 각기 다른 각별한 풍미가 있다. 특히 한여름에 맵고 질긴 함흥냉면과 씨름하고 육수를 들이켜면 더위를 가실 수 있다고 한다.

모든 향토음식이 사연이 깃든 고향의 것이겠지만, 속초의 함흥냉면은 그 의미가 더 깊다. 오직 혈혈단신으로 내려와 낯선 이역만리 먼 타향에 정착하여 언제쯤 고향에 돌아갈 날이 올까 기다리던 실향민들의 아픔과 그리움이 밴 음식이기 때문이다. 그래서 고향 생각에 눈물짓던 실향민들이 가장 즐겨 먹고 위안을 얻던 음식이었다. 이런 음식 문화는 실향민 2세대에게도 전해져, 그다음 세대들 또한 실향민 부모의 아픔을 추억하며 함흥냉면을 먹는다.

함흥냉면도 세월이 지나면서 그 모습이 바뀌고 있다. 면 위에 얹는 고명으로 본래 가자미를 썼는데 이제는 냉면에서 가자미를 찾아보기 어렵다. 가자미가 귀해지면서 1980년대 이후에는 명태회를 고명으로 얹는다. 맛을 좌우하는 양념에도 변화가 있다. 속초 지역의 함경도 사람들은 맵고 짜고 자극적인 데 익숙한데 서울 사람들은 상대적으로 덜 짜고 덜 매운 걸 선호한다. 그래서 이곳 음식점 사람들은 관광객들의 입맛에 맞춰 양념의 배합 비율도 달라졌다고 말한다. 요즘은 합성조미료를 기피하는 경향이 있어 조미료도 최소로 넣는다고 한다.

지금 속초에는 50여 개의 냉면집이 제 나름의 맛을 뽐내며 성업하고 있다. 속초 함흥냉면이 속초 특색의 것으로 받아들여지면서 '속초코다리냉면'이라는 프랜차이즈까지 생겨났다. 1951년 속초에 정착한 실향민들이 만들어낸 속초 대표음식 함흥냉면. 70여 년의 세월 동안 모습도 맛도 조금씩 바뀌었지만 먼 북녘 고향의 그리움이 스며 있는 것은 여전하다.

동치미 막국수
강원도의 겨울 별미

　강원도를 대표하는 국수는 메밀로 만든 막국수다. 막국수라는 이름은 '막 만들어 먹는다'는 뜻이라고 하는데, 어떤 사람은 '막 먹어도 탈이 없다'고 해석하기도 했다. 이 막국수라는 이름이 격이 떨어지기에 메밀국수로 이름을 바꿔야 한다는 주장도 제기되었다. 2000년대 초반 양양군은 행정 지도를 통해 막국숫집 상호에서 '막국수'를 '메밀국수'로 바꾸도록 권고했다.

그로 인해 일부 유명 막국숫집이 상호를 메밀국숫집으로 변경하기도 했다.

자료를 찾아보면 1920년대에 이미 평양과 인근 지역에서 메밀로 만든 막국수를 파는 집이 있었다. 같은 메밀국숫집이지만, 막국숫집은 냉면집과 구별해서 쓴 것으로 보인다. 막국수는 메밀을 겉껍질이 붙은 채 막 빻은 가루로 만들고, 냉면의 메밀국수는 껍질을 완전히 제거한 메밀가루로 뽑아서 만들었다고 한다. 껍질이 함께 들어간 막국수는 거칠고 찰기가 없고 색이 거무스름하다. 북한 음식 중에 원산막국수는 꿩의 뼈로 우려낸 따뜻한 국물에 꿩고기를 발라 넣고 메밀국수 사리를 넣은 것이다. 이렇듯 막국수라는 이름은 이미 오래전부터 쓰여왔다. 투박하면 투박한 대로 정감이 있는 말인데, 굳이 이름의 격을 따질 필요가 있을까 싶다.

강원도 국수 문화와 관련해 과거로 거슬러 올라가보자. 국수 문화는 쌀농사가 발달한 한반도 남쪽 지방보다는 추운 기후로 잡곡 농사를 많이 지은 북쪽 지방이 더 발달했다. 춘천 출신 언론인으로 문화잡지 『개벽』 창간 동인, 『별건곤』 발행인을 했던 청오靑吾 차상천은 지금으로부터 1백 년 전인 1924년 4월 1일 발행한 『개벽』 46호에 「서호잡감 湖西雜感」이라는 제목의 기행문을 게재했다. 청오는 글에서 자신이 조선 문화 기본조사를 위해 경상남북도와 강원도 각 군을 답사해보니, 우리나라 남쪽 지방은 떡[餠] 문화, 북쪽 지방은 국수[麵] 문화가 발달했다고 이야기한다. 원문을 정리하면 다음과 같다.

남병북면(南餠北麵)

황해도나 평안도, 강원도에 가면 사시사철은 물론이고 국수를 실컷 먹어 물리게 된다. 음식점에도 모두 국수요, 별식도 국수요, 잔치에도 국수이다. 국수 빼놓고서는 별로 먹을 것이 없다고 해도 맞다. 그러나 충남은 국수 구경은 할 수도 없고, 그 대신 떡국이다. 별식도 떡국, 술안주도 떡국, 음식점도 대개 떡국집이다. 이것은 북부 지방[北鮮]은 산악이 많고 기후가 한랭해 메밀이 많이 나고, 남부 지방[南鮮]은 평야가 많고 기후가 온화하여 미곡이 많이 나는 까닭이다.

이 글을 쓴 1920년대에는 밀이 귀해 국수는 보통 메밀로 만들어 먹었다. 메밀은 서늘하고 건조한 기후와 척박한 토양에서도 잘 자라고 생육 기간도 2, 3개월 정도로 짧아 강원도를 비롯해 한반도 북부에서도 재배하기가 쉬웠다. 열악한 자연환경에서도 잘 자라는 메밀은 흉년이 들어 기근이 심할 때 먹는 구황작물이었다. 그래서 우리나라는 메밀이 많이 나는 북부 지방에서 먼저 국수 문화가 발달했다고 볼 수 있다.

그러나 '남쪽은 떡 북쪽은 국수'라는 말은 한국전쟁 후 미국산 밀가루가 대량으로 들어오면서 사라져버렸다. 저렴하고 가공이 쉬운 밀가루는 쌀 다음의 주식으로 자리 잡았고, 대구와 부산, 대전 등 남쪽 대도시에서도 특색 있는 국수 문화가 발달했다.

강원도 막국수의 기원에 대해서는 1967년 10월 5일자 『동아일보』에 춘천 주재기자가 쓴 「내 고장의 미각: 메밀막국수」에 잘 나와 있다.

> 전 면적의 8할이 산이고 산중에서도 다른 어느 도보다도 화전이 많은 강원도라 메밀의 특미가 없을 수 없다. 긴긴 겨울밤 널찍한 사랑방 다 깨진 화로 불곁에 둘러앉은 동네사람들이 독한 엽초담배를 피워가며 이 얘기 저 얘기 나누다 배가 출출해지면 당장에 메밀을 갈아 눌러 먹기 시작한 게

이 막국수의 기원이다.

깜박이는 아주까리 등불 앞에서 메밀을 맷돌에 막 갈아 체로 쳐서 반죽을 갠 다음 나무로 만든 분틀에 눌러 사리를 만들어 막김치를 숭숭 썰어서 국수 위에 얹어 먹는 것이 이 막국수다. 요즘의 좋은 냉면 그릇보다는 바가지에 담아 먹어야 제맛이 나며 국물도 지금은 김칫국을 부어 먹지만 막간장에 비비는 것이 제맛이 난다.

하지만 요즘의 막국수는 약간 변모되어 겨울철 같은 때는 꿩고기 또는 돼지고기 등을 꾸미로 사리에 얹고 양념으로 참기름 설탕도 넣어 비벼 먹는다.

강원도 영서 지방만이 아니라 영동 지방에서도 한겨울에 동치미 메밀국수를 별식으로 먹었다. 속초 청초호 남쪽 언덕의 논산리 마을에서 나고 자란 황금찬 (1918~2017) 시인은 1981년 1월 13일자 『매일경제』에 「고향의 겨울: 영봉의 눈과 동해」라는 수필을 썼다. 이 글에 겨울에 만들어 먹는 동치미 막국수 이야기가 나온다.

떠도는 생활 50년에 고향을 잊은 일이 없고 또한 고향을 그리워하지 않은 때가 없다. 그중에서도 고향의 겨울을 더욱 잊을 수가 없다. 화로에 감자를 구워 먹던 가난했던 어린 시절, 형님을 따라다니며 떡추렴, 국수추렴, 모두 잊을 수 없는 겨울놀이들이다. 몇 사람씩 모이면 으레 먹는 이야기가 나오게 마련이고 그렇게 되면 추렴이 시작되는 것이다.

각자가 메밀을 얼마씩 모아 그것을 방아에다 찧어 가루를 만든다. 그 메밀가루로 국수를 누른다. 그러면 지금의 막국수가 된다. 동치미 국물이나 아니면 기름에 비빈다. 그 맛을 어찌 지면에다 이야기할 수 있겠는가. 하늘의 천사도 이렇게 좋은 국수 맛은 보지 못할 것이라고 나는 지금도 생각하고 있다.

황금찬 시인은 1931년 무렵 13살 나이에 고향 속초를 떠나 타지에서 생활했다. 시인이 어렸을 때인 1920년대 양양군에 속했던 속초 농촌에서도 겨울에 동네 사람들이 모여서 메밀을 찧어 가루를 내어 국수를 누르고, 시원한 동치미 국물이나 기름에 비벼 먹은 풍경을 보여준다.

지금 강원도 막국수는 영동과 영서가 조금 다르다. 메밀로 뽑은 막국수라는 점은 같지만, 육수와 고명이 다르다. 춘천을 비롯해 영서 지방 막국수는 닭고기나 소고기로 끓인 고기 육수를 주로 쓴다. 반면 동해안의 막국수는 주로 동치미를 육수로 쓴다.

면에 얹는 고명도 영동과 영서가 차이가 있다. 영서 지방은 주로 고기 편육을 고명을 얹는데, 영동 지방 동치미 막국수는 명태회무침을 고명으로 얹는 집이 많다. 명태회무침 고명은 속초의 함흥냉면에서 영향을 받은 것으로 보인다.

메밀과 동치미는 궁합이 잘 맞는 음식으로 알려져 있다. 구수한 메밀국수와 시원하면서도 톡 쏘는 동치미의 맛도 잘 어울린다. 예전에는 평양냉면도 겨울에는 찬 동치미 국물에 메밀국수를 말고, 여름에는 쇠고기 육수를 차게 식혀 메밀국수를 말아 내놓았다. 지금은 동치미를 섞은 고기육수를 쓴다고 한다.

영동 지방 막국숫집에 처음으로 동치미 막국수가 등장한 건 1970년대로 보인다. 동치미 막국수로 유명한 양양과 강릉의 식당 세 곳이 1974년부터 1977년 사이에 문을 열었다. 이 중 가장 이른 1974년에 개업

한 양양의 막국숫집은 자신들이 처음으로 동치미 막국수를 만들어 팔았다고 말한다.

    동치미는 단단한 가을무와 배추, 양파와 파에 소금물을 부어 담근다. 동치미는 원래 겨울에 담가 먹는 김치라고 해서, 어원인 동침冬沈에 겨울 동冬 자가 들어가 있다. 겨울에만 먹을 수 있었던 동치미를 사계절 먹을 수 있게 담가 내놓은 게 초창기 동치미 막국숫집 나름의 비법이었다. 지금은 저장고가 있어 가을무를 오래 보관할 수 있어 사계절 맛있는 동치미를 담가 먹을 수 있다.

동치미 막국수

장칼국수
매운 바람과 추위를 이기는 칼칼한 맛

　동쪽 마을 속초와 인근 지역에는 세 가지 국수 문화가 있다. 고향에 돌아갈 수 없는 월남 실향민을 통해 함경도 국수 문화가 전해온 함흥냉면, 강원도 메밀국수의 전통을 이어온 동치미 막국수, 그리고 2000년대 이후 주목받은 매운 장칼국수다. 실향민이 많은 속초 시내에서는 함흥냉면이 발달했고, 농촌 지역에서는 동치미 막국수가 발달했다. 매운 장칼국수는 전통시장에서 시작되어 퍼져 나갔는데, 이제는 동해안의 별미음식으로 자리 잡았다. 속초의 함흥냉면과 장칼국수는 추운 지방의 매운 맛 전통을 잇고 있다는 공통점이 있다. 입안이 얼얼할 정도로 얼큰하고 매운 맛이다. 쫄깃한 면발을 흡입하고 뜨끈한 국물까지 한 사발 들이키면 이마에 땀방울이 송글송글 맺힌다.

동해안의 장칼국수는 스타일이 다양하다. 그냥 장만 풀어 넣은 기본 스타일에, 집에 따라서는 섭(홍합)이나 째복(민들조개)을 넣거나 명태 살, 명태 알과 곤지(이리), 소라, 새우, 오징어 등 해물을 넣은 장칼국수도 있다. 멸치나 황태로 육수를 내고 장을 풀어낸 집도 있다. 집집마다 맛은 조금씩 달라도 동해안의 장칼국수는 다들 매운 맛이 특징이다. 어떤 집은 입안과 목구멍까지 아릴 정도로 강한 매운 맛을 내기도 한다.

매운 맛의 칼국수가 다른 지방에 없는 것은 아니다. 칼국수로 유명하다는 대전에도 고춧가루를 넣어 맵게 끓인 얼큰이칼국수가 있다. 그러나 장을 풀어 넣어 끓이는 칼국수는 강원도 스타일이다. 강원도에서도 강릉과 속초, 동해, 양양 등 영동 지방에서는 고추장으로 진하게 매운 맛을 내고, 원주나 춘천, 영월 등 영서 지방에서는 강원도 막장으로 구수하면서도 살짝 매운 맛이 나게 끓인다. 영동은 고추장, 영서는 막장으로 확연히 나뉘는 건 아니다. 집에 따라서는 고추장과 막장을 적당한 비율로 섞어 끓이기도 하는데, 구수한 맛을 더하려면 막장, 매운맛을 더 강조하려면 고추장을 넣는 식이다.

강원도 막장이라면 생소한 사람들이 많다. 나는 스무 살이 다 되어 대학에 간다고 처음으로 강원도를 벗어나 서울에 올라갔다. 그때 말로만 듣던 된장찌개라는 걸 처음 먹어봤다. 이전까지는 막장으로 끓인 찌개나 국만 먹었을 뿐이다. 내가 먹은 막장은 색이 거무스레하고 끓여놓으면 진한 갈색이다. 반면에 이 된장이라는 건 누런색이라, 색깔도 익숙지 않고 찌개 맛도 생소했다. 알고 봤더니 속초를 비롯해 강원도 사람들은 된장보다는 막장을 더 많이 먹었다. 학교에서는 배울 수 없는 나의 지역 정체성을 막장의 맛을 통해 알게 된 셈이다.

보통 메주에서 간장을 뽑고 남은 것을 으깨어 담근 장을 된장이라 하고, 간장을 뽑지 않고 메주를 갈아서 담가 오래 묵히지 않고 먹는 장을 막장이라고 한다. 이러한 일반 막장과 구별해서 강원도 방식으로 담가 먹는 막장을 강원도 막장이라고 부른다. 강원도 막장은 메줏가루와 소금, 고추씨와 고춧가루, 보리밥, 엿기름을 버무려 보통 1년 정도 숙성시켜 먹는다. 구수하면서도 매운 맛이 난다. 된장이 텁텁한 맛이 있는 반면, 막장은 칼칼한 맛이다.

막장으로 끓이든 고추장으로 끓이든, 강원도의 장칼국수는 모두 매운 맛이 특징이다. 이 장칼국수의 매운 맛은 어디서 온 것일까?

칼국수는 강원도 농산촌에서도 즐겨 먹는 음식이었다. 강원도 정선 지방의 전통음식으로 느른국(느름국이라고도 함)과 콧등치기국수가 있다. 둘 다 메밀로 만든 국수다. 느른국은 메밀가루를 찬물로 반죽해 칼로 두껍게 썰어 강원도 막장을 풀어 넣은 국물에 넣고 끓여 갓김치를 얹어 먹는 칼국수다. 메밀을 눌러서 늘여 만들었다고 해서 '느른국'이라고 부르는데, 궁핍한 시절 물리도록 먹어 꼴도 보기 싫다고 해서 '꼴두국수'라고도 부른다. 콧등치기국수는 면발이 굵고 짧아 먹을 때 면발의 탄력으로 국수 끝자락이 콧등을 친다고 해서 '콧등치기'라는 이름이 붙었다. 느른국이 발전한 게 콧등치기국수라고 한다. 장을 풀어 넣고 끓인 느른국은 강원도 장칼국수의 원조라고 할 수 있다.

이 느른국이 동해안 고성군에도 전해온다. 강원도

고성 토박이인 남동환 씨(1956년생)는 고성에서도 예전에 모내기를 할 때 잿노리(새참)로 느른국을 먹었다고 말한다.

> 아침 잿노리로는 밥을 조금 주고, 점심 먹고 나서 모를 심다가 오후 세 시쯤 되면 다시 저녁 잿노리로 칼국수나 수제비를 내놔요. 칼국수에는 막장을 풀어 넣었어요. 장을 풀어 넣어야 속이 든든해요. 이 칼국수를 느른국이라고 불렀어요. 왜 느른국이냐면 먹을 사람이 10명인데 국수 양이 8명분이면 물을 한 바가지 부어서 양을 늘궈요(늘려요). 모내기를 하면 먹을 게 많으니, 모꾼 외에 애들도 따라온단 말이에요. 그러니 당연히 양을 늘쿠게 돼요. 느른국을 끓일 때는 파종하고 남은 씨감자도 듬성듬성 썰어 넣고, 묵은 시래기나 야채도 같이 넣어 건더기 양을 늘궈요.

농촌에서 새참으로 먹던 칼국수를 양이 모자라면 물을 더 부어 늘렸다고 해서 '느른국'이라고 불렀다는 이야기다. 다만 고성의 느른국은 메밀이 아닌 밀가루로 만들었다. 처음에는 메밀가루 면으로 끓였으나, 후에는 값이 싼 밀가루 면으로 끓인 것으로 보인다. 남동환 씨는 고성에서 맑은 칼국수는 멀겋게 끓였다고 '멀뚝국', 수제비는 뜯어 넣어 끓였다고 '뜨덕국'이라 불렀다고 말한다.

농촌만이 아니라 바닷가 마을에도 장칼국수 문화가 전해 온다. 지난 2000년 속초문화원에서 발간한 『속초시 거주 피난민 정착사』에는 속초의 향토음식으로 가장 먼저 도루묵(명태) 칼국수가 소개되어 나온다.

도루묵(명태) 칼국수
칼국수에 생선을 넣어서 끓인 음식으로 냄비에 물을 붓고 적당량의 고추장과 된장을 풀고 호박, 감자를 넣어 끓이다가 생선을 넣어 끓인다. 생선이 다 익으면 생선 가시를 발라내고 칼국수를 넣고 끓이면서 다진 파, 다진 마늘, 후추, 깨소금을 넣고 간을 한다.

이 글에서 고추장과 된장을 풀어 넣는다고 하는데, 보통 강원도에서 된장이라면 그냥 막장을 뜻한다고 봐도 된다. 고성의 남동환 씨는 이 명태장칼국수를 '털내미'라고 불렀다고 전한다. 싱싱한 명태를 맹물에 넣어 푹 끓여 집게로 건져 올려 살랑살랑 흔들어 털어내면, 뼈만 남고 명태살은 그대로 떨어진다고 해서 붙여진 이름이다.

속초 아바이마을 태생인 심삼옥 씨(59세)는 예전에 먹던 명태장칼국수를 기억하고 있다.

어렸을 때 집이 가난해서 감자나 고구마로 점심을 때운 적이 많아요. 어쩌다 바다에서 잡아 온 생선이 생기면 장칼국수를 끓여 먹었어요. 끓는 물에 생선을 넣고 끓여서 채로 생선살을 발라서 다시 넣고, 칼국수와 고추장을 조금 넣고, 소금으로 간을 맞춰 다시 끓여 먹었어요. 그런데 아버지는 지금도 장칼국수는 배고팠던 옛 기억이 떠오른다고 별로 좋아하지 않아요.

어민들도 바다에 나가 장칼국수를 끓여 먹었다. 추운 날 조업을 하다가 방금 잡아 올린 씨알 굵은 명태나 임연수어를 손질해 숯불 드럼통 화로에 솥을 올려놓고 고추장을 풀어 끓였다. 당일 조업을 나간 어민들만이 아니라 오징어를 잡으러 먼바다 조업에 나간 이들도 마찬가지였다. 오징어배는 항구에서 출어할 때

'식구미'라고 해서 쌀과 부식거리를 챙겼는데 이때 국수와 고추장, 막장은 필수품이었다. 먹을 게 많지 않은 바다 위에서 어민들은 갓 잡은 오징어를 썰어 넣고 장칼국수를 끓였다.

속초 아바이마을에서는 오징어 건조 일을 할 때도 장칼국수를 먹었다. 오징어를 말릴 때는 일손이 많이 필요하다. 동네 아주머니 여럿이 모여 오징어 펴는 작업을 할 때 점심은 장칼국수였다. 큰 솥에 물을 부어 막장과 절인 오징어 이리(정소)를 넣고 물이 펄펄 끓으면, 굵은 칼국수 면을 뚝뚝 꺾어 넣어 야채와 함께 익혀서 한 대접씩 나눠 먹었다. 이때 칼칼한 맛을 내기 위해 고춧가루를 풀어 넣는다. 오징어 이리는 하얀색인데, 다 익히면 쫄깃하고 담백한 맛이 난다. 바쁜 일터에서 밀대로 밀고 칼로 직접 썰어내는 손칼국수는 기대할 수 없었다. 면은 국수공장에서 뽑아 말린 납작한 칼국수 면을 사서 썼다.

강원도 사람들은 허기진 배를 채우기 위해 국물 양이 많은 칼국수를 먹었다. 칼국수에 장을 풀어 넣어야 쉽게 배가 꺼지지 않아 속이 든든했다. 바닷가에서는 생선 등을 넣고 끓일 때 비린내를 잡기 위해 고추장을 넣었고, 농촌 지역인 영서 지방은 상대적으로 덜 매운 막장을 넣고 끓였다. 매운 맛의 장칼국수는 몸을 데워준다. 땀이 정수리에 맺힐 정도로 매운 장칼국수 한 그릇을 들이키고 나면, 한겨울 추운 바다에서 바람과 추위를 거뜬히 이겨낼 수 있었을 것이다.

    동해안에서 장칼국수 식당은 언제부터 들어섰을까? 동해시 묵호항 근처에는 60년을 지내온 장칼국수 맛집이 있고, 속초에는 1970년대 후반 중앙시장 골목 안에 '강릉칼국수'라는 장칼국숫집이 있었다. 두 집의 공통점은 칼국수에 냉이가 들어간다는 점이다. 그 당시 강릉칼국수 주인 할머니는 문을 열어놓고 지나가는 사람들 보란 듯이 하루 종일 밀대로 반죽을 했다고 한다. 이 집은 큰 인기를 끌어 손님이 끊이지 않았는데, 다른 칼국숫집과 달리 배달을 하지 않았다. 속초 한 주민은 1979년 시장 인근에 집을 지을 때, 강릉칼국수를 직접 찾아가서 칼국수를 받아 와서는 일꾼들과 함께 점심으로 먹었던 것을 기억한다. 강릉칼국수는 중앙시장 신축 당시 장소를 옮겼으며, 2000년 이전에 없어졌다. 지금 속초의 이름난 장칼국숫집들은 1990년대 이후에 문을 연 곳들이다. 속초 최초의 장칼국숫집 상호가 '강릉칼국수'인 걸 보면, 속초의 식당 장칼국수 문화는 강릉에서 넘어온 것이 아닌가 싶다.

털게
맥고모자를 쓰고
털게 청포채를 안주로 맥주를 마신다

　　시인 백석은 1936년부터 1938년까지 함흥에서 영생고보 영어교사로 근무하며 그곳에 머물렀다. 이때 그는 왕성한 창작열로 스물여덟 편의 시와 네 편의 수필을 발표했다. 백석이 자신의 시에서 가자미를 예찬하고 명태와 창난젓을 언급한 것은 이미 앞에서 이야기했지만, 백석이 남겨놓은 동해안 풍류를 제대로 논할 때에는 그의 수필 「동해」를 빼놓을 수 없다.

『동아일보』 1938년 6월 7일자 지면에 '자연계와의 대화집' 여섯 번째 글로 실린 「동해」는 의인화한 바다 동해에게 백석이 말을 거는 형식이다. 내용을 간추리면 다음과 같다.

> 무더운 여름 밤 나는 맥고모자를 쓰고 맥주를 마시고 거리를 거닐었다. 모래 해변에 날미역이 걸린 탓인지 비릿한 짠 물냄새를 맡는다. 나는 동해 바다의 조개가 되고 싶다. 달이 밝은 밤엔 해정한 모래 해변에서 달바라기를 하고 싶다. 이런 내 심사를 알아줄 친구는 밤이면 작은 섬 외진 바위에 떼로 몰려 지껄이고 잠이 드는 물개들이다. 나는 이 친구가 좋아서 7월이 오기 바쁘게 그대 동해한테로 가야겠다.
> 동해에는 내가 친한 가자미와 자랑할 만한 음식이 많다. 산뜻한 청삿자리 위에서 전복회를 놓고 소줏잔을 거듭하는 맛은 신선이 아니면 모를 일이다.
> 이럴 때 또 생각나는 것은 8월이면 오는 제주 배. 이번 7월 동해로 가서 제주 배에 올라 제주 색시하고 살고 싶다. 그리고 나를 무척 생각하는 처녀

털게

와 아내를 잃고 슬피 사는 바닷가 사람, 영어를 잘하는 총명한 4학년생 금이를 생각한다.

시인 백석이 수필 「동해」에서 언급한 동해안의 풍류는, 그가 머물던 함흥과 가장 가까운 이곳 설악의 바다 풍류와 닮아도 너무 닮아 있다. 더구나 그 풍류는 고향에 돌아가지 못하고 이곳 속초에 묻힌 함경도 실향민들의 향수이기도 하다. 동해의 음식 풍류를 서술한 부분을 그대로 옮긴다.

이러케 맥고모자를 쓰고 삐루를 마시고 친구를 생각하기는 그대의 언제나 자랑하는 털게에 청포채를 무친 맛나는 안주 탓인데, 정말이지 그대도 잘 아는 함경도 함흥 만세교 다리 밑에 님이 오는 털게 맛에 헤가우손이를 치고 사는 사람입네. 하기야 또 내가 친하기로야 가재미가 빠질겝네. 회국수에 들어 일미이고 시케에 들어 절미지. 하기야 또 버들개 통구이가 좀 조흔가. 횟대생성된장지짐이는 어떠코 명태골국, 해삼탕, 도미회, 은어젓이 다 그대 자랑감이지. 그리고 한 가지 그대나 나밖에 모를 것이지만 굉메리는 아래주둥이가 길고 꽁지는 웃주둥이가 길지.

이것은 크게 할 말 아니지만 산틋한 청삿자리 우에서 전북회를 노코 함소주 잔을 거듭하는 맛은 신선 아니면 모를 일이지.

맥고모자를 쓰고 털게 청포채를 안주로 맥주를 마신다라… 웬만한 이는 80년 전에도 이런 풍류가 있었다는 사실에 놀랄 것이다. 그런데 "님이 오는 털게 맛"이라는데, 털게가 얼마나 맛있으면 떠나간 님이 다시 돌아올까? 아마도 함흥의 명물인 만세교 아래에는 지금의 포장마차처럼 파라솔을 쳐놓고 털게 청포채 안주에 술을 파는 술집이 있었나 보다. 자신을 "헤가 우손이를 치고 사는 사람"이라고 표현할 정도로 백석은 이곳을 즐겨 찾은 것으로 보인다.

털게는 북쪽 찬 바닷물 속에 나는 게로 껍질에 털이 많이 나 있다. 함경도와 강원도 바다에서 그물로 잡아 올렸는데, 특히 함경도 일대의 특산이다. 1930년대에는 털게로 통조림을 만들어 미국과 유럽에 수출하기도 했다. 털게가 귀한 수출품으로 팔려 나가자 함경도와 강원도 사이에 털게 어획을 두고 다툼이 벌어졌다. 함경도 어민들이 강원도 통천 바다에 털게 어장을 개발하자, 통천군에서 통천 지역 내에서 잡은 털게는 오직 통천의 통조림 공장으로만 보내야 한다며 외부 반출을 가로막기도 했다.

해방 후인 1946년 북조선 인민위원회 수산시험장이 함경남도 어획량을 월별로 집계했는데, 그에 따르면 털게는 한 달에 적게는 7톤에서 많을 때는 60톤까지 잡아 올렸다. 지금은 상상할 수 없는 양이다.

보통 털게는 몸통 크기가 10센티미터 정도다. 함경도 실향민들의 기억으로는 강아지만큼 큰 털게도 종종 나왔다고 한다. 예전에는 속초에서도 그물에 털게가 제법 잡혔다. 그물에 걸리면 돌돌 말려 빼내기가, 속된 말로 아주 '지랄'이다. 그래도 털게의 맛이 좋아, 잡지 않을 도리가 없다. 어떤 이는 바닷게 중에 털게가 가장 맛있다고 한다.

털게는 쪄서 먹거나, 간장을 부어서 끓여 털게장을 만들어 반찬으로 먹었다. 살이 찰지고 달달하고 고소하다. 그런데 껍질에 굵은 가시가 많아, 털게를 발라 먹고 나면 입안이 온통 가시에 찔려 얼얼하다. 2000년대 중반 이후 한때 갑자기 털게가 많이 잡히기도 했다. 지금은 러시아 수입산은 제법 있는데, 앞바다 털게는 찾아보기 힘들다. 가격도 비싸다.

백석의 시 속에 등장하는 또 다른 음식인 버들개 통구이는 생소하다. 백두대간을 경계로 서쪽에는 버들치가 살고 동쪽에는 버들개가 산다고 한다. 둘 다 개울에 살고 생김새는 비슷하지만 색깔이 조금 다르다. 이제는 버들개 통구이가 전해 내려오지 않는다.

　　'횟대생선된장지짐이'는 생선 횟대를 손질해 물을 조금 붓고 된장을 풀어 지진 음식으로 보인다. 횟대는 '햇떼기(대구횟대)'를 말한다. 요즘 말로 '햇떼기된장조림'이라 하면 될 것 같다. '지짐이'는 국보다 국물이 적고 짭짤하게 끓인 국물음식으로 1940년대 전후 조리서에 많이 나오는데 지금은 잘 쓰지 않는 말이다. '전'과 같이 기름에 지진 음식도 '지짐이'라고 쓰기에 자칫 잘못 이해하기 쉽다. 햇떼기는 몸집은 작은데 머리는 크고 배 부분의 색이 노랗다. 동해 북부 바다에서 주로 잡힌다. 1946년 북조선 함경남도 어황 자료에는 명태와 가자미 다음으로 많이 잡힌 물고기로 '헷덱이'라는 이름이 기록되어 있다. 적게는 한 달에 11톤, 많은 달은 358톤까지 잡았으며, 어떤 달은 가자미보다 더 많이 잡았다.

　　햇떼기는 지금도 속초중앙시장(속초관광수산시장)에 나가면 구할 수 있다. 다만 그 종류가 다양해서 고

를 때에 유심히 살펴보길 권한다. 흔히 햇떼기라고 불리는 대구횟대는 여타 근가시횟대나 동갈횟대에 비해 쫄깃쫄깃하며 맛이 월등히 좋다. 옆 지느러미가 노란 바탕에 검정 범무늬가 무척 굵고 선명하게 나 있어서, 다른 횟대들과 뚜렷이 구분된다. 햇떼기는 맑은탕이나 매운탕으로 끓여도 좋고, 식해로 담가 먹어도 좋다. 다만 뼈가 날카롭고 억세니 이를 잘 발라내가며 먹어야 한다(심지어 햇떼기국을 먹다가 뼈가 목에 걸려 목숨을 잃는 일도 있었다).

또한 이 글에는 명태골국, 해삼탕, 도미회, 은어젓, 전복회가 등장한다. 명탯국은 익히 아는 건데, 명태골국은 뭘까? 골이 머리를 의미한다고 보면, 명태골국은 명태머리국이 아닐까 싶다. 지금도 황태머리만 모아 육수를 끓이듯, 당시 함경도에서는 따로 명태머리를 말려 보관해 국을 끓이지 않았을까? 해삼과 도미, 전복은 지금도 어렵지 않게 맛볼 수 있다. 글 맥락을 보면 은어젓의 '은어'는 민물고기 은어가 아니라 당시 함경도 바다에서 많이 잡혔던 도루묵으로 보인다. 이 글을 쓴 1930년대에는 도루묵을 은어라고 부르기도 했다. 당시 함경도에서는 10월 중순 도루묵 떼를 쫓아 몰려오는 명태를 은어바지(은어받이)라고 불렀다. 은어젓은 소금물에 절여놓은 도루묵이 아닌가 싶다.

    80년 전 백석이 즐겼던 동해의 풍류를 즐기려 해도 함흥까지 갈 수는 없다. 그나마 함흥에서 가장 가까운 영동 지역에서 그 풍류를 대신 즐길 수 있지 않을까. 달이 밝은 밤엔 맑은 모래 해변에서 달바라기를 하고, 바닷가에 자리를 깔고 싱싱한 해산물에 술 한잔 기울이고, 싱싱한 가자미를 얹은 회국수에 함경도식으로 담근 가자미식해도 맛보고… 백석이 그랬듯이 동해를 사랑하고 그리워하는 이들만이 누릴 수 있는 특별한 풍류가 아닐까 싶다.

3장

바다와 함께 웃고 울다

임연수어
강릉 부자가 그 껍질을 먹다가 망했다더라

조선시대 강원도 동해안의 최고 갑부는 누구였을까? 강원도 고성군 간성읍의 설화 중에 '고뿔과 강릉 이통천네 집' 이야기가 있다.[1] 간성읍 경로당의 어느 어르신이 말씀하시길, 어렸을 때는 감기약이 따로 있지 않아 고뿔에 걸리면 동네 할머니들이 "퉤, 저 강릉의 이통천네 집으로 다 가거라"라고 말했단다. 감기가 오려거든 가난한 집에 찾아오지 말고 동해안 갑부 이통천네 집으로 가라는 주문을 외우며 감기를 쫓으려 한 것이다.

강릉에는 정월대보름 풍습으로 대보름날 새벽에 농부들이 밥을 차려놓고 들판을 내다보면서 메나리조로 "아래녘 새야 웃녘 새야 우리 논두덕에 앉지 말고 배다리 이통천 집으로 가거라"라고 노래를 불렀다고 전해온다. 추수를 앞둔 가을 들판이나 수확한 나락을 말릴 때에도, 몰려드는 참새를 쫓는 소리로 "강릉 이통천네 집에 가서 파 먹어라"고 외쳤다고 한다. 강원도뿐만 아니라 전라도에서도 이런 이야기가 회자되었다고 하니, 배다리 이통천은 전국에서도 소문 난 만석꾼이었다.

강릉 이통천은 옛날 선교장 주인으로 통천군수 벼슬을 했다고 해서 붙여진 이름이다. 흔히 배다리 이통천이라고 불렸다. 전해오는 이야기로는 배다리 이통천이 동해안 일대에서 가장 돈이 많은 갑부로 강릉 모 부잣집과 누가 더 돈이 많나 내기를 해서 이겼다는 이야기도 전하고, 하루 종일 걸어도 자기 땅을 벗어나지 않았다는 이야기도 전한다.

강릉 선교장은 3백 년 동안 10대에 걸쳐 후손들이 거주하는 고택으로, 궁궐 외의 집은 1백 칸을 짓지 못하게 했던 조선시대 법도에 따라 99칸으로 지어졌다. 조선 중기에 강릉에 정착해 본래의 지역 유지들은 거들떠보지 않던 염전사업을 시작으로 토지를 사들이고 개간해서 많은 부를 축적했다고 전한다. 구한말의 선교장 주인 이교원은 동학농민전쟁 때 강릉 관아를 점령한 동학군을 토벌한 인물로, 이 공으로 강릉부사를 지냈다. 그의 아들 이근우는 일제강점기 때 조선총독부 중추원 참의를 지낸 대표적인 강원도 친일 인사다. 1912년 일왕의 장례식에 강원도 대표로 참가하기도 했다.

강릉 부자 배다리 이통천과 관련된 생선이 있다. 바로 임연수어로, 강원도에서는 새치라 부른다. 관동 최고의 부자 배다리 이통천이 이 새치 껍질을 얼마나 즐겼던지, 고깃살은 놔두고 노릇노릇하게 구운 껍질에 밥을 싸 먹었다는 이야기가 있다. 이는 강릉 부자가 새치 껍질을 즐겨 먹다가 가산을 탕진해 망했다는 이야기로 변형되어 동해안 바닷가에서 회자되기도 한다. 임연수어 껍질이 그만큼 맛있다는 뜻이겠다.

임연수어는 동해안에서 제법 많이 잡히는 생선이다. 함경도에서는 11월과 12월에 많이 난다고 하는데, 요즘 동해안에서는 3월부터 5월이 제철이다. 그물로도 잡지만, 방파제 낚시로도 잡힌다. 어린 것은 가지랭이라고 부르고, 보통 어민들은 임연수어가 아니라 새치라고 불렀다. '이면수어'라고 표기하는 문헌도 종종 보인다.

임연수어臨淵水魚는 『신증동국여지승람』 함경도 길성현 편에 처음 등장한다. 1820년경 서유구가 지은 『난호어목지』에는 林延壽魚(임연수어)라는 표기로 나온다. 임연수林延壽라는 사람이 낚시로 잘 잡기에 그렇게 이름 붙였다고 한다. 같은 문헌에서는 임연수어가 관북(함경도 지방)의 바다에서 나는데, 배는 불룩하고 몸은 좁고, 등은 푸르고 배는 희며, 비늘은 가늘고 눈은 작다고 쓰여 있다. 복어[河豚]와 아주 닮았으나 머리가 크고 양볼이 편평하고 넓고, 큰 것은 한 자尺(1자는 약 30센티미터)가량, 작은 것은 대여섯 치五六寸(1치는 약 3센티미터)가 된다고 표시되어 있다.

예전 동해안 바닷가에서는 겨울철 명태잡이가 끝나고 이른 봄이면 춘궁기에 들어섰다. 청어가 많이 잡힐 때는 청어잡이로 여름 전까지 버티지만 어느 때부터인가 청어가 잡히지 않았다. 그래서 잡어 그물로 여러 종의 생선을 잡거나 대게잡이에 나서기도 했다. 그 춘궁기인 3월에서 5월 사이에 임연수어가 제법 잡혔다. 그중 가지랭이는 작아 내다 팔기가 어려웠으므로 봄철 어촌의 중요한 부식거리가 되었다. 찌개에 넣어 끓이기도 했고, 배를 갈라 간간하게 소금을 쳐서 꾸덕꾸덕 말려서 굽거나 조려 먹었다. 크기가 제법 큰 새치는 구워 먹기에 좋다. 특히 두꺼운 새치 껍질은 기름기도 많아 노릇노릇하게 구우면 쫄깃한 식감과 함께 고소한 맛이 난다.

영동 지역의 별미 중에 생선구이가 손꼽힌다. 이 지역 바닷가 골목에는 어디에나 생선구이집들이 있어, 고소한 냄새가 솔솔 풍기는 통에 그 골목을 지나가는 행인들을 내버려두지 않는다. 그 생선구이집에서 내놓는 생선 중에는 임연수어도 빠지지 않고 들어간다. 그 촉촉한 육질과 고소한 껍질맛 때문에 구이에서는 빠질 수 없는 메뉴다.

근래 들어 동해안에서 임연수어 어획이 점점 줄고 있다. 물량이 점차 귀해지고 가격이 비싸지면서 동해안 수산시장에도 수입산 임연수어가 나오기도 한다. 생선구이집과 시장에서 파는 반건조 임연수어는 대부분 수입산이다. 수입산은 국내산보다 크기가 크고 등에 선명한 줄무늬가 있다. 러시아산으로 냉동된 상태로 수입되어 국내에 유통된다. 다행히 임연수어가 동해안에 들어와 대량으로 잡히는 경우가 있다. 그럴 경우 천운이 닿아서 동해안산 임연수어를 제대로 맛보기도 한다.

배다리 이통천이 쌈을 싸 먹었다는 임연수어 껍질. 이제는 정말 부잣집에서나 먹는 귀한 생선이 되고 말았다.

오징어 1
산오징어의 잊히지 않는 맛

해마다 5월이면 동해안 곳곳 어판장에 산오징어 회를 파는 난전이 들어선다. 필자가 사는 속초에는 그즈음이면 동명항 수복탑 남쪽 어판장이 사람들로 북적댄다. 전날 저녁에 출어한 오징어 채낚기 어선들이 밤새도록 뱃불(집어등)을 훤히 밝혀 오징어를 잡아서는 새벽부터 항구로 들어와 이곳 위판장에 풀어놓는다. 20여 곳 판매장의 활어통이 살아서 퍼덕이는 오징어로 가득 찬다. 동해안 사람들의 즐거움 중 하나가 그해 처음 나온 손바닥만 한 산오징어를 맛보는 것이다.

일반 횟집처럼 곁가지 반찬이 있는 것도 아니고, 회 한 접시와 초고추장, 상추와 마늘, 고추 몇 점으로 차린 단출한 상차림이다. 그러나 전날 밤 잡아 온 싱싱한 산오징어의 꼬들꼬들한 식감을 즐기는 데는 부족함이 없다. 산오징어회는 씨알이 굵은 녀석보다 그리 크지 않은 녀석들이 더 맛이 좋다. 다 큰 녀석보다 육질은 부드러우면서도 오징어 특유의 꼬들꼬들한 맛이 살아 있다. 몇 시간 전 바로 잡은 오징어는 식감이 더 좋다.

오징어를 통째로 삶은 통오징어찜도 일품이다. 먹물이 배어나 거뭇거뭇하지만 그 고소한 맛은 무엇에도 비할 수 없다. 두 요리에도 만족할 수 없다면, 오징어를 썰어 넣은 라면을 즐겨도 좋다. 국물 맛까지 더욱 시원해진 오징어라면 한 그릇이면 세상에 부러울 게 없다.

6월의 산오징어회. 그 맛을 기억한 뇌는 연례행사처럼 해마다 6월이 되면 다시 바닷가 오징어 활어판매장으로 우리의 발걸음을 돌리게 만든다. 시원한 바

다를 내다보며 야외 테이블에서 즐기는 산오징어회. 바다가 내다보이는 장소의 매력과 여럿이 함께 즐기는 동락의 정취까지… 산해진미가 부럽지 않은, 동해안 지역 사람들의 즐거움이다.

오징어회는 언제부터 인기를 끌기 시작한 것일까? 1910년대부터 동해안에서 오징어잡이가 시작된 이래 몇십 년간 오징어를 살려서 잡아 오는 경우는 없었다. 문헌을 살펴보면 산오징어회를 먹게 된 것은 그리 얼마 되지 않은 1980년대 초다. 그전까지는 오징어가 잡기 무섭게 죽어버리다 보니, 뱃사람들처럼 그 자리에서 먹는 게 아니라면 맛을 보기 어려웠다. 그러다가 1980년대 중반 몇몇 횟집에서 오징어회를 팔기 시작하면서 동해 바다를 접한 횟집에서는 이제 거의 모든 곳에서 팔고 있다.[2]

지금은 먼바다에서 이뤄지는 장기 조업에서는 오징어를 잡은 즉시 냉동하지만, 연근해 당일바리(1일 조업)의 경우에는 오징어를 잡는 즉시 활어통(활어조)에 넣어 살려서 운송해 온다. 씨알이 작은 오징어는 말려도 상품 가치가 없어 제값을 받지 못한다. 그러다 보니 오직 산오징어회로 소비될 뿐이다. 보통 6월부터 동해안 연근해에 오징어가 나기 시작해 8, 9월쯤 되어야 씨알이 굵은 오징어가 잡힌다. 다 큰 오징어도 회로 썰어 먹지만 육질이 질기다. 그에 반해 5, 6월에 잡히는 오징어는 크기는 크지 않지만 육질이 연해 생으로 먹기에 좋다. 오징어를 살려서 잡아 오는 덕에 우리는 두세 달 일찍 오징어 맛을 보게 되었다. 그것도 산오징어를 말이다.

산오징어가 인기를 끌면서 연근해 소형 어선들은 너나없이 활어통을 배에 장착하기 시작했다. 활어통 설치로 오징어뿐만 아니라 횟감용 생선들도 활어로 잡아 올 수 있었다. 1988년에는 속초시가 소형 어선 활어조 설치를 시책사업으로 추진했다. 당시 전체 소형 어선의 45퍼센트인 150척을 대상으로 총 3천만 원을 들여 활어조를 설치해줌으로써, 살아 있는 생선을 공급할 수 있게 해 어촌 소득을 높이고자 한 것이다.

한때는 작은 오징어가 많이 잡혔고, 이에 따라 서울 각지 골목까지 누비는 오징어 물차가 등장하기도 했다. 많이 나올 때는 산오징어가 스무 마리 1만 원에 먹을 수 있을 정도로 저렴했다. 두 명이 회로 먹고도 미처 다 먹지 못해 남은 회를 싸 올 정도였다. 그러나 요즘 들어 어획이 신통치 않아 현지 물량조차 감당하기 어렵다. 어획이 부진하면 가격도 만만치 않게 뛰곤

한다. 6월의 산오징어회도 점점 귀한 음식으로 변하고 있는 것이다.

산오징어회 말고도 오징어물회를 빼놓을 수 없다. 지금도 유명 맛집의 물회보다는 담백하고 비리지 않고 깔끔한 오징어물회를 찾는 식도락가들이 적지 않다(1980년대와 90년대에는 물회라고 하면 포항이나 제주도의 별미로 알려져 있었다). 동해안에서 오징어물회가 음식점 메뉴로 일반화된 것은 1980년대 말경으로 보인다. 연근해에서 활어통을 싣고 나간 배들이 산오징어를 잡아 오기 시작할 무렵이다.

> 물회라는 것도 고추장 이런 게 귀하니까, 오징어를 가늘게 썰어서 막장에다 풀어서는 된장물만 먹어도 배부르단 말이에요. 된장물에 가는 하얀 국수 같은 게 들어가니까 배고픈 걸 덜어주지요. 물회의 시초는 어부들이 배고파서 허기를 채우기 위해 먹던 음식이에요. 보릿고개 넘기는 식으로 말이지요.[3]

오징어물회는 본래 어민들이 바다에 나가 먹던 음식이었다. 1970년대부터 연근해에서 오징어가 나지 않게 되면서 어민들은 울릉도 동쪽 대화퇴 어장으로 장기 출어를 나가게 되었다. 이때 배에는 한두 달치 조업 기간 때 먹을 주식과 부식을 실었다. 이를 바닷가 사람들은 '식구미'라고 불렀다. 그런데 아무리 식구미를 잘 챙겨도 고립무원한 바다 위에서 식자재는 늘 부족할 수밖에 없었다. 그래서 바다 위에서 잡은 오징어 등을 식구미로 가져온 식수, 야채와 초고추장과 함께 버무려 훌훌 마시면서 먹은 게 오징어물회의 시작이다. 쫄깃한 오징어 살을 잘게 저며 '물회국수'로 즐기는 이들도 많다.

오징어 2
오징어순대, 그 맛이 각별했다

　오징어순대는 동해안 특히 속초를 대표하는 관광 음식 제1호라고 할 수 있다. 지금이야 전국의 맛집 메카로 부상한 속초에 다양한 먹거리가 넘치지만, 설악산이 국민관광지로 자리 잡은 1970년대 속초에는 이 지역의 대표 먹거리가 따로 없었다. 대포항이나 속초항의 몇몇 횟집이 관광객을 맞는 정도였고, 설악산에서 파는 도토리묵이나 머루주, 시내의 함흥냉면 정도가 향토음식으로 팔리던 시절이었다. 그 무렵 속초항 주변으로 이 지역 별미인 오징어순대를 만들어 파는 식당이 하나둘 생겨났다.

오징어를 순대로 만들어 먹는다고? 순대라면 당연히 돼지 내장에 선지와 찹쌀을 넣어 만들어 먹는 것이라고 생각하는 이들에게 오징어순대는 생소하면서도 신기한 음식이었다. 사람들의 입맛 호기심을 자극하기 충분했고 언론에서도 속초의 오징어순대를 주목했다. 소문이 널리 퍼지면서 설악산 관광을 마친 관광객들이 속초 부둣가를 찾아와서는 오징어순대를 만들어 파는 집이 어디냐고 묻곤 했다. 당시 오징어순대는 속초에서만 제대로 맛볼 수 있었던 음식이었다. 50년이 지난 지금도 오징어순대는 속초의 대표 향토음식으로 굳게 자리를 지키고 있다.

오징어순대는 무슨 맛으로 관광객들의 입맛을 사로잡았을까? 오징어순대는 일반 순대와 맛이 다르다. 순대이면서도 순대 맛과는 다른 것이다. 보통 돼지 창자에 선지와 찹쌀 등을 넣어 만든 순대는 호불호가 확실히 갈리는 음식이다. 선지를 갈아 넣어 만들었다는 점과 동물의 창자라는 인식이 있다 보니, 비위 약한 사람은 이를 꺼렸다. 그러나 오징어의 깔끔하고 쫄깃한 맛과 담백한 소가 어울려 내는 맛은 남녀노소 누구든지 기꺼이 즐길 수 있다. 그냥 찐 채로 적당히 잘라서 먹어도 좋고, 계란옷을 입혀 구워 먹어도 좋다. 오징어순대가 대중적으로 처음 알려지기 시작한 1980년대에 『장군의 아들』의 작가 홍성유가 쓴 기행문의 일부가 흥미로워 여기에 소개한다.

> 대포의 오징어물회와 함께 오징어 미각의 쌍벽을 이루는 것에 오징어순대가 있다. 오징어잡이 어선이 풍랑을 만나 먹을 것이 떨어져 오징어 속에 남은 김치며 반찬을 넣고 삶아 먹은 것이 그 유래가 됐다지만, 오징어순대의 원조는 역시 '삼영식당'일 것이다. 속초시 금호동, 흔히 얼음공장 골목이라 하는 골목 안에 있는 그다지 크지 않은 아담한 집이다.
>
> 오징어순대는 우선 크지도 않고 작지도 않은 오징어의 머리와 다리를 떼어내고, 내장을 훑어낸 다음, 떼어낸 다리를 곱게 다진 것과 함께, 쇠고기, 땅콩, 들깨에 어린 열무를 살짝 데쳐, 갖은 양념으로 배합을 한다. 여기까지 무려 쉰네 가지의 재료가 들어간다고 한다.

배합된 양념을 내장을 훑어낸 오징어 몸속에 넣고, 실로 동여매어 찜통에 찐 후, 다시 잘게 썰어서 기름에 살짝 튀겨 먹게 된다.

그 모양이 흡사 돼지순대 같대서 오징어순대란 이름이 붙었지만, 돼지순대에 비길 수 없는 사치스런 맛이다. 따뜻한 것이 입안에 슬슬 녹는다. (…) 게다가 주인네들의 인심이 어찌나 후한지 이편이 미안할 지경이다. 오늘의 매상에서 얼마가 남았느냐가 아니라, 그것으로 내일의 재료만 살 수 있으면 된다는 비현대적인 고지식한 영업을 하고 있다.[4]

작가의 말대로 삼영식당이 오징어순대의 원조 식당이라는 데는 달리 볼 이유는 없겠지만, 그 식당이 오징어순대를 자체 개발했다고 보기는 어렵다. 오징어순대가 강원도 음식이냐 함경도 음식이냐에 대해서는 의견이 분분하다. 이런 논란에 중요한 잣대가 되는 이야기가 있다. 1978년 10월 속초 실향민 음식 문화에 대한 조사에서 실향민 출신 고 김호응 속초문화원 사무국장은 "속초의 어민들이 흉년이 들어 산나물을 캐어 막장과 산채를 비벼서 오징어 뱃속에 넣어 먹은 게 오징어순대의 시초"라고 했다.

오징어순대를 잘 만들기로 유명했던 고 이정해 할머니도 "오징어 잡으러 나간 어민들이 먹을거리가 마땅치 않아 오징어에 부식을 넣어 먹으면서 시작됐다는 얘기도 있다"라고 했다. 할머니는 함경남도 북청군 신포 출신 실향민이다. 두 실향민 출신의 음식 이야기 속에는 오징어순대가 함경도 음식이라는 내용은 없다(그와는 달리 명태순대만큼은 실향민들이 함경도에서 많이 해 먹던 음식이 틀림없다).

함경도에서 명태는 많이 나도 오징어는 그렇지 않았다. 조선시대 『신증동국여지승람』을 보면 오징어가 서해안과 남해안에서 많이 나는 걸로 나온다. 1932년 9월 10일 『동아일보』에 함경북도 경성군 어대진에 근래에 드물게 오징어가 많이 잡힌다는 기사가 있지만, 그것 말고는 함경도 일대의 오징어 어획 기사를 찾기는 어렵다. 일제강점기 때도 울릉도가 주산지였다. 한국전쟁 후 속초를 비롯한 동해안 일대에는 오징어가 넘쳐났고 1950년대 말에는 동남아에까지 수출해 일본 오징어와 경쟁하면서 당시 외화벌이에서 효자 노릇을 했다. 속초의 경우 1960년대 이후 오징어가 명태와 함께 속초에서 가장 많이 잡히는 생선이었다. 오징어가 온 국민의 인기음식이 된 것도 이 무렵이다.

이런 상황을 볼 때 오징어순대는 함경도 지방에서 많이 해 먹던 음식이라기보다는, 오징어가 많이 잡히는 속초에서 아바이순대와 명태순대 등 함경도 순대 문화를 접목시켜 실향민들이 만들어낸 음식으로 판단된다. 외래 전파 음식인 순대가 명태순대를 거쳐 오징어순대로 변신한 것은 지역 특성에 맞게 창조적으로 변형을 거듭하는 한반도 고유의 음식 문화라고 볼 수 있다.

앞의 홍성유 작가의 글에 등장하는 오징어순대의 원조 삼영식당은 그 뒤에 없어졌다. 그는 1990년대 말 어느 칼럼에서 삼영식당이 사라진 것을 크게 아쉬워하며, "무려 쉰네 가지의 재료가 들어간다고 했는데, 그 맛이 각별했다"고 회상했다.[5] 원조 식당은 없어졌지만 속초의 오징어순대는 진양횟집을 비롯해 많은 식당들에서 그 맛을 지켜오고 있다.

특히 진양횟집은 삼영식당 이후 오징어순대 원조를 지켜오는 식당이다. 진양횟집의 오징어순대 조리법은 인터넷에도 공개되어 있다. 재료는 오징어, 당근, 고추, 깻잎, 김치, 양파, 시금치, 당면, 계란, 표고버섯, 마늘 등이다. 우선 오징어 다리와 내장을 분리해 잘 손질해놓고, 다리 부분을 다진 뒤 마늘, 깻잎, 양파, 당

근, 풋고추, 김치 등을 잘게 썰어 섞는다. 여기에 갖은 양념과 소금으로 간을 한 뒤 함께 볶는다. 시금치를 무친 뒤 이미 볶아놓은 재료와 찰밥, 양념장을 넣어 다시 볶는다. 오징어 몸통에 속을 넣은 뒤 나무 이쑤시개로 꽂아 몸통 아래를 막는다. 찜통에 넣어 10분간 찐 뒤 먹기 좋게 썰어 접시에 담아 내놓는다.

    속초에서 맛볼 수 있는 오징어순대는 조리 마지막 방식에 따라 세 가지 스타일로 나뉜다. 찐 순대를 먹기 좋은 크기로 썰어서 다른 가미를 하지 않고 그냥 먹는 것이 원조 스타일이다. 오징어순대 본연의 담백한 맛을 느낄 수 있다. 또 다른 스타일은 계란옷 오징어순대다. 찐 순대를 적당한 크기로 썰어 계란옷을 입혀 기름에 지져 먹는다. 아무래도 기름과 계란 지짐의 맛이 세다. 2010년 인기 방송 프로그램에 소개되면서, 아바이마을과 속초중앙시장 일대 식당들이 너나 할 것 없이 이 스타일의 오징어순대를 만들어 팔았다. 항간에는 공장에서 제조한 냉동 오징어순대를 해동해서 찌면서 내용물이 흩어지기 때문에 계란옷을 입혀 지졌다는 이야기도 있다. 3년 전부터는 누룽지 오징어순대가 선풍적인 인기를 끌고 있다. 오징어순대의 또 다른 변신이다. 속초 대포항의 작은 튀김집에서 처음 만들어 팔기 시작했는데, 처음에는 '겉바속촉(겉은 바삭하고 속은 촉촉하다는 뜻) 오징어순대'로 불렸다. 찐 순대를 썰어 팬에 꾹꾹 눌러 속재료가 누룽지처럼 눌러붙게 구워 먹는다. 바삭하게 구워 고소한 맛이 강하다. 누룽지 오징어순대는 2023년 11월 방송 프로그램에 소개되면서 순식간에 주류 스타일이 되었다.

오징어 어획량이 급감하면서 생물 오징어 가격도 많이 오르고, 오징어순대 가격도 덩달아 올랐다. 그럼에도 속초에 오면 꼭 오징어순대를 맛보기를 권한다. 오징어순대야말로 동해안 음식 중 가장 창조적인 지역음식이기 때문이다. 북방에서 전해왔다는 순대 문화가 함경도의 명태순대로, 명태순대가 다시 오징어순대로 창조적으로 발전했다. 오징어순대도 점차 새로운 스타일로 거듭나고 있다.

최근 오징어순대를 직접 만들어 파는 판매점이나 식당이 늘고 있다. 참 고무적인 일이다. 자기만의 스타일로 만드는 집들이 늘어나면, 앞으로 어떤 스타일의 오징어순대가 등장할지 자못 기대된다. 직접 만드는 집을 찾아가 세가지 스타일의 오징어순대를 모두 맛보는 것도 더욱 맛있게 동해안 여행을 즐기는 방법이 아닐까 싶다.

오징어 3
오징어 서약은 거짓 서약이라지만

조선시대 지리지를 보면 바다에서 잡히는 어획물과 해산물의 목록은 지금과 대체로 비슷하다. 그러나 동해안의 명태와 오징어는 어느 문헌에서도 그 기록을 찾아볼 수가 없다. 어찌된 일일까?

문헌을 보면 동해안 대표 어종 중 하나인 오징어(오적어烏賊魚)는 동해안 고을의 토산 목록에 없다. 오히려 동해안 대신 서·남해안의 토산 목록에 오징어가 나온다. 당시 오징어는 동해안에서 많이 잡히지 않은 것으로 보인다. 다만 『세종실록지리지』 강원도 편에는 약재로 오징어뼈[烏魚骨]가 기록되어 있다. 다시 말해 동해안에서는 지혈제로 쓰는 하얀 뼈가 있는 갑오징어가 잡힌 것으로 확인되나 그 어획량은 가늠되지 않는다.

동해안에서 오징어를 다량 어획하게 된 것은 일제강점기에 들어선 이후다. 1913년 8월 23일자 신문은 양양군 연안에서 오적조어烏賊釣漁(오징어 낚시 조업)를 시험해 하루 1천 마리를 잡아 올려, 인근의 어민 다수가 그 조업 기술을 배우고자 신청했다고 보도했다.

오징어는 해방 전까지 '오적어'라는 표기로 신문에 주로 나왔다. 오적어의 유래는 정약전의 『자산어보』에 나온다. 「남월지南越志」에서 이르기를 그 성질이 까마귀를 즐겨 먹어서, 매일 물 위에 떠 있다가 날아가던 까마귀가 이것을 보고 죽은 줄 알고 쪼면 곧 그 까마귀를 감아 잡아서 물속에 들어가 먹으므로 오적烏賊이라 이름지었는데, 까마귀를 해치는 도적이라는 뜻이라고 했다.[6]

오징어 이름이 들어간 재미난 이야기도 있다. 옛날 중국 강동江東 사람들은 오징어 먹물로 증서를 써

주고 남에게 재물을 꿔 가곤 했는데, 시일이 오래 가면 그 먹물이 다 지워져버렸다고 한다. 이 이야기를 토대로 하여 거짓 서약을 "오징어 서약鰂魚盟"(오징어를 『동의보감』 등 옛 문헌에서는 즉어鰂魚, 오즉어烏鰂魚라고도 표기했다)이라고 했다는 것이다.

바닷가에서 오징어를 걸어 말리는 풍경이 동해안 특히 속초를 대표하는 풍경이었던 때가 있었다. 필자가 사는 속초는 겨울에는 명태, 여름에는 오징어잡이로 계절에 따라 항구들이 큰 활황을 이뤘다. 1960년 9월 8일자 『경향신문』에는 '징소리도 흥겹게 활기 띤 동해안'이라는 제목으로 속초와 거진, 아야진 일대에 오징어 떼가 몰려 하루에 10만 급의 어획량을 기록하면서 가난한 어포에 웃음이 깃들었다는 기사가 실렸다. 기사에서는 "거진에서 속초에 이르는 백여 리의 길과 해안선 일대는 오징어를 말리는 풍경이 마치 해변가에 '울'을 친 것 같다"며, "오징어 경기는 기아선상을 헤매던 영세 어민들을 건져주어 선창가에서는 웃음소리가 그칠 줄 모르고 터진다"고 했다. 당시 속초 앞바다에는 350척, 거진에는 150척, 아야진에는 40척의 어선들이 출어했다고 한다.

1963년 8월 14일자 『동아일보』에는 '속초 부둣가

의 새 직업: 40원을 노린 아귀다툼'이라는 제목으로 제약회사에서 간유肝油를 뽑고자 한 통에 40원을 주고 오징어 내장을 수집하기 시작해 지금 속초 부둣가에는 한여름 더위에도 열 살부터 열너덧 살에 이르는 아이들이 더없는 벌이로 오징어 내장 따기에 매달리고 있다고 보도했다. 1965년 8월 오징어 성어기가 시작됨에 따라 각 지방에서 몰려든 어민과 잡상인을 상대로 무허가 주점과 음식점이 번창하여 사회문제로 대두되기도 했고, 외지에서 몰려든 7천여 명의 어민들 중 고향에 송금을 하기 위해 하루 평균 1천여 명씩 우체국에 몰려 업무량이 폭주하는 일이 있기도 했다.

오징어 활황의 모습은 이뿐만이 아니었다. 속초항의 오징어잡이 활기로 각처에서 모여든 1천여 척의 어선에 공급하는 유류의 공급 부족 사태가 벌어졌다. 외지에서 어민과 상인, 건조 인력이 몰려들면서 물가가 상승해 전국 최고의 물가를 기록하고, 단칸방 월세가 1960년대 당시 돈으로 8, 9백 원 선에 선세 4, 5개월 분을 내는데 그나마 방 얻기가 힘들어 들판에 천막을 치고 기거하는 사람이 허다한 실정이라고 알려졌다.

9월 말이 되어 오징어 떼의 남하로 한산해진 속초항은 가을 꽁치잡이 준비에 들어갔고, 오징어잡이가 한창일 때 고향에 돈 보내는 사람들로 붐비던 속초우체국 창구에는 '남바리' 간 어민들이 보내는 돈을 찾기 위해 모여든 부녀자들로 장사진을 이루는 정반대의 현상을 보였다. 가히 어항에서만 볼 수 있는 진경이 벌어진 것이다.[7]

속초 사람들은 흔히 남바리라는 말을 많이 쓴다. 이 말에는 궁핍한 어민들의 삶이 배어 있다. 남바리는 멀리 타지로 나가 장기간 조업하는 경우를 뜻한다. 꽁치나 오징어 등 어군을 따라 남쪽 항구마을로 가서 몇 달씩 머물면서 조업하는 경우가 있었는데, 남쪽으로 가서 조업한다는 뜻으로 남쪽의 '남'자에 고기잡이를 뜻하는 '바리'가 붙어서 남바리라는 말이 생겨난 것으로 보인다. 참고로 속초에서는 '바리'라는 말을 명태바리, 오징어바리, 당일바리(당일 조업) 등에서 '잡이'나 '조업'의 뜻으로 썼다.

1970년대 들어서자 연근해에서 오징어를 찾아보기 힘들어졌다. 그래서 오징어잡이 선박을 대형화해 멀리 울릉도 동편 대화퇴 어장이나 서해, 더 멀리는 제주도 남단 동중국해까지 조업을 나가게 되었다. 출어하는 데만 2, 3일이 걸리고, 보통 한 달 이상 바다에서 선상 생활을 했다. 그리고 돌아와서는 보름도 쉬지 못하고 다시 출어하기를 반복했다. 장기 출어로 인해 선원들의 노동 강도는 점점 더 세졌다. 속초에서 "남바리 갔다"라는 말이 일상화되면서 원양 조업으로 남바리를 거듭해야 하는 어민은 일상적인 가정생활을 할 수 없게 되었고, 자녀들 양육 문제나 부부 불화를 겪는 가정도 많았다.

1970년대와 80년대에 이곳에서는 당시 유명 맛집을 찾아온 관광객을 그리 어렵지 않게 찾아볼 수 있었다. 70년대에는 KBS TV 드라마 〈꽃피는 팔도강산〉 촬영지인 팔도강산횟집에 많은 손님들이 몰렸다. 80년대 이후에는 당시에 속초의 명물로 알려지기 시작한 오징어순대를 잘한다는 식당이 북적였다. 사실 속초의 이름을 전 국민에게 알리는 데에는 영화와 텔레비전이 결정적인 역할을 했다. 그중에서도 1967년 상영해 큰 인기를 끌었던 영화 〈팔도강산〉의 촬영지가 속초였다.

이 영화는 국립영화제작소가 대한민국 발전상을 홍보하기 위해 만든 극영화로 1966년 촬영해 이듬해 상영했다. 김희갑, 황정순 부부가 전국에 흩어져 살고 있는 아들딸을 찾아 다니며 삶의 애환과 정을 느끼는 것이 줄거리였다. 속초에는 다섯째 딸 강미애와 사위 신영균이 살고 있어, 두 노부부가 속초를 방문하게 된다. 속초항과 설악산 비선대 등에서 촬영했다.

　영화 속에는 당시 속초의 면면을 오롯이 보여주는 장면들이 많다. 설악산을 찾아가는 두 부부가 〈강원도 아리랑〉이 흘러나오는 가운데 길 옆 논에서 벼 가을걷이를 하는 농부들과 만나는 장면, 김희갑이 비선대 계곡 옆 너럭바위에서 술 한잔 기울이며 "만고강산~" 노래를 한 곡 부르려다 물에 빠지고 이어서 황정순 또한 물에 빠지는 바람에 서로 부축해가며 나오는 장면, 멀리 영금정과 속초등대를 배경으로 두 노부부가 지금은 사라진 속초항 바닷가 모래사장을 거니는 장면, 딸 강미애가 수협 어판장에서 오징어를 말리며 손질하는 장면, 사위 신영균이 속초항 부두로 배를 타고 들어오는 장면… 아바이마을과 속초항이 내려다보이는 언덕에 자리 잡은 허름한 판잣집과 마당에 걸린 오징어 풍경도 곁들여진다.

　모처럼 부모님이 찾아왔지만 막걸리 한 병 겨우 대접할 처지밖에 안 되는 다섯째 딸의 상황을 알게 된 노부부가 자신들이 가진 돈 전부와 열심히 살라는 편지를 남기고 몰래 집을 빠져 나오는 장면은 사람들의 눈물을 꽤나 쏟게 했을 것이다. 시간이 흘러 아버지의 회갑잔치를 찾은 딸과 사위는 드디어 배를 한 척 장만했다면서 그 사진을 보여드린다.

1960년대는 속초의 많은 어민들이 열심히 돈을 모아서 배 한 척 사는 게 꿈이던 시절이었다. 당시 촬영은 설악산 단풍이 물들기 시작하고 가을걷이가 한창이던 10월 초에 한 것으로 보인다. 속초 바닷가 곳곳 오징어를 걸어 말리는 풍경이 잘 드러난다. 회갑연 선물로 마른 오징어 한 축을 내미는 장면에서는 당시 이곳 동해안의 생활상이 엿보이기도 한다.

우징어

도치와 물곰
심통 난 얼굴이어서 심퉁이래요

    도치는 이곳 영동 지역 특히 속초 말로 싱퉁이 또는 심퉁이라고 불린다. 싱퉁이가 맞는지 심퉁이가 맞는지, 그저 부르는 대로 이름이 지어진 것이라 어느 게 맞다고 하기가 어렵다. 심퉁이보다는 싱퉁이라고 더 많이들 부른다.
    왜 싱퉁이(심퉁이)일까? 이 물고기를 들여다보면 웃음이 나올 정도로 그 생김새가 우스꽝스럽다. 배는 불룩 튀어나왔고 몸 전체가 공처럼 둥글다. 심통이 난 얼굴 표정이라고 할까? 동해바다에서 나는 물고기 중에 이보다 모양이 특이하게 생긴 것은 없을 것이다. 배에 커다란 흡착판이 있어 바위에 달라붙어 있을 때도 있는데 그 모습 또한 우스꽝스럽다.

도치는 생김새와는 달리 살이 연하고 쫄깃하다. 기름기가 없어 담백하며 비린내가 전혀 없다. 대부분 물고기들이 그렇듯이 암수의 대접이 다르다. 알도치와 숫도치의 가격은 두 배 이상 차이가 난다. 제철을 맞은 겨울에 보통 알도치 한 마리가 1만 원가량이라면 숫도치는 그 절반인 5천 원에 불과하다. 알은 몸집의 절반 정도로 크다. 요리할 때는 배를 갈라 뜨거운 물에 살짝 담갔다 꺼내어 손질한다. 이를 다시 한번 데쳐 숙회로 먹기도 한다. 곁가지 메뉴로 이 도치숙회를 내는 횟집도 있다.

무엇보다도 싱통이의 참맛은 그 알에 있다. 데친 몸통을 썰어 넣고 그 옆에 알과 애, 창자 등 내장도 같이 넣어 끓인 도치알탕은 겨울 동해안의 별미다. 묵은 지에 도치를 넣어 조린 두루치기도 좋다. 도치는 제철에는 **뼈가 연해 뼈째 먹을 수 있다. 그러나 철이 지나면 뼈가 질기고 억세진다. 그러니 뼈가 억세지기 전에**

철을 잘 맞춰 먹어야 한다.

2005년 1월 1일 고성군 오호항에서는 어촌계 주관으로 도치 축제를 열었다. 여기에서 선보인 도치 뷔페에서는 도치숙회뿐 아니라 도치찜, 도치미역국도 맛볼 수 있었다. 도치로 미역국을 끓여 먹는다는 걸 그때 처음 알았는데, 살이 연하고 비리지 않아 미역국에 넣어도 좋을 듯했다. 그 개운한 맛이 아직까지 기억에 남는다. 딱 한 번 개최하고 사라진 축제라 아쉬울 따름이다.

한겨울이면 이 지역에서는 처마 밑에 거무스레한 도치 몇 마리를 줄에 매달아놓은 풍경을 그리 어렵지 않게 볼 수 있다. 도치를 적당히 말려 찜통에 쪄서 내놓으면 쫀득쫀득한 맛이 일품이다. 간장을 살짝 찍어 술안주로 먹어도 좋다.

도치알찜은 최고 별미다. 도치 알은 몸집의 절반 정도로 아주 크다. 그 배를 가르면 불그스레한 알이 나오는데 그것을 잘 추스려 대접에 담아놓으면 그릇에 가득 찬다. 이 알을 두세 번 물에 씻어 진액을 다 빼내고 소금물이나 바닷물에 하루 정도 담가두면 알이 굳는다. 찜통에 넣어 10분 정도 찌면 불그스레한 알이 어느새 옅은 미색으로 변신한다. 정말 먹음직스

러운 색감이다. 이 알찜을 잘 썰어서 내놓으면 어느 고급 요리도 부럽지 않다. 예전에는 겨울에 귀한 손님이 찾아오거나 명절 때가 되면 이 알찜을 쪄서 내놓았다. 간간한 알찜을 입에 넣고 씹으면 도치 알이 터져 단물이 입안에 퍼진다. 정말 우스꽝스러운 생김새의 도치에서 이렇게 빛깔 고운 알찜이 나올 수 있다니 참으로 신기하다.

도치 못지않게 못생긴 생선이 있으니 바로 물곰이다. 물곰은 다른 말로 곰치라고도 한다. 이 물곰으로 끓인 매운탕을 속초에서는 물곰탕이라 하고, 삼척에서는 김치를 같이 넣어 끓여 곰칫국이라고 한다. 같은 물곰으로 끓였어도 물곰탕과 곰칫국은 다른 스타일의 음식이다.

물곰은 동해안 사람들에게 천대받는 물고기였다. 생김새도 매끈하지 않고 투박하고 껍질이 미끈덕거리고 살이 흐물거렸다. 그래서 코풀레기라는 별칭까지 붙었다. 콧물 흘리는 아이를 놀리는 이름까지 붙일 정도니 사람들이 얼마나 우습게 본 물고기인가.

물곰은 덩치가 크다고 해서 붙여진 이름이다. 1미터 이상 되는 것도 제법 많다. 어민들은 잡히라는 비싼 생선은 걸리지 않고 그물에 덩치가 큰 물곰이 걸

도치와 물곰

리면 짜증을 냈다. 덩치가 크다 보니 그물을 휘감아서 빼내는 것도 힘들다. 누가 사 가는 사람도 없었다. 그래서 날이 더울 때는 물곰이 걸려들면 그물에서 빼내는 즉시 바닷물에 던져버렸다. 어판장에 배들이 들어와 잡은 고기를 그물에서 떼어 팔고 나면 선착장 옆 바닷물 속에는 내다 버린 물곰 여러 마리가 둥둥 떠다니곤 했다. 설령 집으로 가져온다고 해도 개밥 끓이는 데 들어갈 때가 많았다. 참 불쌍한 대접을 받는 물고기였다.

물곰은 껍질이 붉은 것도 있고 좀 거무스름한 것도 있다. 그래도 거무스름한 흑곰은 살이 좀 더 차져서 말리기에 좋았지만, 붉은 것은 살이 더 연하고 흐물거려서 더욱 천대받았다.

날이 추워지면 물곰을 내다 버리지 않았다. 물곰을 지붕 위에다 던져놓고 말렸다. 물곰이 마르면 본래의 큰 덩치가 완전히 쪼그라든다. 마른 물곰을 찜통에 넣고 쪄서 뼈를 발라내고 간장과 고춧가루 등 양념으로 버무려낸다. 물곰찜이다. 술안주로 기가 막히다. 날이 더울 때는 물곰을 말릴 수가 없다. 요즘은 가을철 가격이 좀 저렴할 때 사서 냉동실에 넣었다가 한겨울에 꺼내 해동해서 말리면 된다고 한다.

그러나 이 물곰찜을 더 이상 맛을 볼 수가 없다. 필자도 20여 년 전 속초항 부둣가 작은 식당에서 주인할머니가 내놓으신 물곰찜을 먹어본 이래 지금까지 구경도 못 했다. 그 흔하던 물곰이 귀한 몸이 되어 감히 물곰을 말려 찜을 할 엄두를 낼 수 없기 때문이다. 물곰은 요즘 비쌀 때는 한 마리에 10만 원도 훨씬 더 가는 귀한 몸이 되었다. 그래서 물곰을 들어 어생역전 魚生逆轉이라고도 했다.

물곰으로 끓여낸 물곰탕은 해장에 탁월한 효과가 있다고 해서 애주가들이 즐겨 찾는다. 흐물흐물하고 미끈덕거리지만, 연한 살이 입안에서 부드럽게 풀어진다. 시원한 국물 맛에 속이 확 풀린다. 어떤 이들은 미끈덕거리는 식감을 싫어하기도 한다. 누구나 다 좋아할 만한 음식이 아닌 건 분명하다.

물곰은 회로도 먹는다. 물곰의 살을 떠내 식초와 설탕, 소금에 한 시간 정도 담가둔다. 그러면 살이 꼬들꼬들해진다. 고추장을 풀어 물회로 만들어 먹는다.

남해안에는 물곰과 비슷한 물메기가 있다. 물메기와 물곰을 동일한 생선으로 보는데 사실 다르다. 물메기는 크기가 30센티미터 이내다. 물곰은 큰 건 1미터가 넘는다. 물메기는 꼬리에 하얀 띠가 있는 게 특징이다. 값은 물메기 한 마리에 1만 원이 넘지 않는데, 물곰은 한 마리에 10만 원도 더 한다. 맛도 다르다. 일반 사람들은 잘 몰라도 업계에서는 당연히 물곰과 물메기를 다른 생선으로 구분한다. 일부 식당에서 곰칫국에 물곰 대신 물메기를 사용해 문제가 된 일도 있는데, 물곰의 비싼 몸값이 빚은 해프닝이다.

    필자가 사는 속초에도 1990년대 초 이래로 곰칫국과 물곰탕을 해온 유명 식당이 있다. 영랑동 사돈집과 청학동 부둣가 옥미식당이다(옥미식당은 몇 년 전부터 춘선네라는 이름으로 영업 중이다). 그곳에 가면 개운한 물곰탕의 맛을 제대로 즐길 수 있다. 그 대신 비싼 몸값은 감수해야 한다.

청어
산더미 같은 흰 물결이 하늘을 치는 곳엔

집 나갔다가 다시 돌아온 청어. 요즘 동해안의 청어를 이렇게 표현해야 할 것 같다. 해방 전에 많이 잡혀 가난한 바닷가 어민들의 춘궁기 양식이 되어준 청어가 어느 한순간 동해안에서 사라졌다가 2016년 연초에 속초 연안으로 되돌아왔다. 덕분에 집집마다 청어 굽는 냄새를 다시 맡을 수 있게 되었다.

동해 연안에서는 1월부터 4월까지 청어가 잡힌다.

청어가 나는 시기에는 이 일대에서 청어회와 청어구이, 청어조림을 맛볼 수 있다. 지역별 수산시장에 가면 청어알것도 어렵지 않게 구할 수 있다.

바닷가 마을에서는 청어가 많이 나면 오래 두고 먹기 위해 소금에 재워 보관했다. 항아리에 담아놓고 한두 마리씩 꺼내 구워 먹거나 조려 먹었다.

청어는 성질이 급한 물고기로 알려져 있다. 그래서 활어 상태로 멀리 운송하기가 쉽지 않기에 싱싱한 청어회는 산지에서만 맛볼 수 있는 귀한 음식이다. 예전에는 청어회를 야채와 식초, 초고추장을 함께 버무려 회무침으로 많이 먹었다. 요즘은 일반 횟집에서 회로 썰어 내놓는다. 청어회는 기름기가 많아 고소한 맛이 좋다. 다만 기름기 때문에 먹고 체하는 경우가 있어 조심해야 한다.

양념해 조려 먹기도 하지만, 무엇보다도 청어는 구워 먹는 게 최고다. 살이 통통 오른 싱싱한 청어를 잘 구워지도록 칼집을 내고 적당히 소금을 뿌려서 굽는다. 청어는 워낙 기름이 많다. 석쇠에 노릇노릇 구우면 적당히 기름은 빠지고 부드러운 육질의 맛을 즐길 수 있다. 청어 굽는 냄새는 지나가는 이들의 발걸음도 멈추게 할 정도로 고소하다. 청어 중에서도 알을 밴 청어는 더욱 맛이 좋다. 간이 배어 담백하면서도 고소한 맛이 일품인데, 청어알이 워낙 커서 알배기 청어 한 마리를 제대로 먹으면 배가 부를 정도다. 다만 청어는 잔가시가 많은 생선이라 잘 발라 먹어야 한다.

다시 청어가 바다로 돌아왔지만, 해에 따라 어획량이 엇갈린다. 2016년 초봄에는 청어가 제법 많이 잡혀 생선구이집에서도 어렵지 않게 맛을 볼 수 있었다. 그러나 2017년에는 제철인 초봄에 소량만 어획되었다. 그래서 일반 생선구이집에서 청어를 상에 올리기가 쉽지 않다. 아직도 청어는 좀처럼 그 맛을 보여주지 않는 귀한 생선이다.

『훈몽자회』에서는 청어를 鯖(청)으로 표기했는데, 일제강점기 이후에는 鯖魚(청어)가 고등어를 지칭하는 말로 쓰였다. 청어는 가난한 선비를 살찌운다는 뜻에서 유래되어 '비웃'이라고도 불렸으며, 동해안에서는 동어東魚라고도 불렀다. 말린 청어의 눈을 꿰었다는 뜻의 관목어貫目魚에서 과메기가 유래되기도 했다. 일제강점기 신문 기사에는 청어를 일본식으로 鍊魚(연어) 또는 鯡魚(비어)라고 표기하기도 했다.

청어는 옛 문헌에 많이 등장하는 생선 중의 하나다. 고려 말 문인 이색李穡은 청어와 관련한 시를 몇

편 남겼다. 다음 시도 그중 한 편이다.

청어를 두고 짓다 賦靑魚
쌀 한 말에 청어가 스무 마리 남짓인데
끓여오매 흰 주발이 채소 쟁반을 비추네
인간의 맛 좋은 물건들이 응당 많으리라
산더미 같은 흰 물결이 하늘을 치는 곳엔
斗米靑魚二十餘　烹來雪盌照盤蔬
人間雋永應多物　白浪如山擊大虛[8]

　이색은 이처럼 옛날에는 매우 흔했으나 난리가 나서 나라가 황폐해지면서 청어가 귀해진 것을 한탄했다. 허균 또한 명종 이전에는 쌀 한 말에 50마리일 정도로 청어가 흔했는데 또 어떤 때에는 전혀 잡히지 않는 것을 이상하게 여겼다. 마찬가지로 동해안에서 1920, 30년대 그렇게 많이 잡히던 청어가 몇십 년 동안 거의 자취를 감춘 것도 기이한 일이다. 이처럼 우리는 여전히 바다와 물고기의 생리를 제대로 알지 못하고 있다.

황어와 탁주
양양부사도 그 맛에 눈물을 흘렸다더라

1923년 12월호 월간잡지 『개벽』에 실린 강원도 기행문 「영서팔군과 영동사군」에는 양양군을 대표하는 먹거리로 황어회와 연창탁주가 소개되었다.

양양명물
연창탁주와 황어는 양양의 명물인데 그 탁주와 황어는 특히 입에 착 달라붙는 맛[佳味]이 있어 속담에 양양군수가 다른 곳으로 부임해 갈 때에는 그것이 아까워서 눈물을 흘린다 한다. 먹어보지는 못했으나 말만 들어도 침이 슬슬.

양양 남대천에는 3, 4월에 황어가, 4, 5월 봄철에는 은어가, 10, 11월 가을에는 연어가 바다에서 산란을 위해 강으로 올라온다. 잘 알려진 연어뿐만 아니라 황어와 은어도 모천 회귀성 어종이다. 황어라는 이름이 붙은 이유는 산란을 위해 민물로 들어올 때 몸통에 진한 황색 띠가 생기기 때문이다. 황어가 거슬러 올라오는 남대천 하구는 예전부터 황어 훌치기 낚시 인파로 북적인다. 지난 2009년부터 몇 년간은 황어가 오르는 시기에 맞춰 황어 축제를 개최하기도 했다. 황어가 물을 거슬러 오르는 모습은 멀리는 남해안 섬진강부터 형산강을 비롯해 동해안 일대 하천에서 볼 수 있다. 예전에는 속초와 양양의 경계인 쌍천에서도 황어가 올라오는 모습을 볼 수 있었다고 한다.

황어는 바닷가 주민들에게 인기가 없는 어종이다. 살이 무르고 청어처럼 잔가시가 많으며, 잉어과라 특유의 비린내가 있다. 그러나 철에 따라 황어의 가치가 달라진다. 봄철부터 가을까지는 맛이 별로 없지만, 겨울부터 산란기까지 바다에서 잡힌 황어는 기름기가 많고 육질이 쫄깃해 맛이 뛰어나다. 겨울철 동해안에서 잡은 황어는 보통 회나 무침, 매운탕으로 먹는다. 지금도 황어회가 맛있어지는 제철에는 양양 남대천 일대 식당에서 이를 맛볼 수 있다.

잡지 『개벽』에서 거명한 양양의 연창리 마을은 양양읍 동쪽 삼거리에 있는 지역으로 지금도 양양의 관문이며 교통의 요지다. 바로 이곳 연창리에는 양양의 관문인 연창역이 있었다.

1899년 간행한 『양양군읍지』에는 당시 양양에 모두 네 개의 역驛이 있었다고 쓰여 있다. 연창역과 상운역, 인구역, 강선역이다. 예전에는 오색역도 있었으나 간성군 원암역으로 이전해 가면서 문을 닫았다. 읍성에 인접한 연창역은 양양을 대표하는 역으로, 역참을 관리하는 찰방우관察訪郵官이 있는 곳이었다. 『양양부읍지』에는 연창역에 대마大馬가 34필, 복마卜馬(짐 싣는 말)가 84필이 있으며, 역리驛吏가 270명, 노奴 130명, 비婢 70명이 있다고 했다.[9] 역 하나에서 이렇게 많은 사람들이 일했다는 사실을 통해 당시 양양이 큰 교통 요충지였음을 가늠해볼 수 있다.

연창역은 공무를 위한 공청公廳이라, 그 주변에 민

간인들이 숙식을 해결하는 주막이 들어섰을 것으로 보인다. 주막에서 빠질 수 없는 게 술 아닌가. 연창탁주가 유명해진 것이 여기에서 비롯된 것 아닐까 싶다. 남대천 황어회는 지금도 그 맛을 즐길 수 있지만 연창탁주가 전해 온다는 이야기는 듣지 못했다. 황어회와 연창탁주의 가미佳味를 다시 살려낼 수는 없을까?

홍게
박달대게는 온데간데없이 사라지고

근래 들어 동해안 특히 속초에서 가장 많이 잡히는 수산물이 바로 홍게(붉은대게)다. 그러나 예전부터 그랬던 것은 아니다. 홍게를 잡기 전에는 적잖은 양의 박달대게를 잡아 올렸다. 필자가 사는 속초의 경우에는, 겨울철 명태잡이가 끝나고 나면 이른 봄 잡어를 잡거나 아니면 박달대게를 잡았다. 그런데 이 지역의 봄 날씨가 보통 변덕스러운가? 갑자기 날이 추워져 영하의 기온이 되면 그물에 걸린 박달대게가 얼어서 다리가 다 떨어지기도 했다. 그럴 땐 내다 팔지 못하는 박달대게를 한솥 삶아서 가족들이 포식을 했다. 하지만 지금은 영덕이든 속초든 대게를 구경하기가 힘든 때가 되었다.

홍게는 강원도, 경상도, 울릉도 등 동해안에서 잡히며, 그중에서도 속초가 전국 어획량의 절반을 차지한다. 속초에서는 7, 8월 두 달 금어기만 빼고 연중 홍게를 잡는다. 홍게잡이 배는 보통 사흘에서 닷새까지 동북쪽 먼바다로 나가서 조업을 하는데, 특히 북방 어로한계선까지 근접해서 조업해 잡은 홍게는 북방홍게라고도 부른다. 우리가 먹는 홍게는 모두 수컷이다. 어자원 보호를 위해 방게라 불리는 암컷 게는 어획이 불법이다. 가끔 이를 어긴 어민들이 처벌을 받기도 한다.

홍게는 수심 6백~2천 미터 깊이의 심해에 통발을 내려서 잡는다. 1천 미터 이상 심해에 통발을 던진 뒤에 한 번 끌어올리는 데만 네 시간가량 걸린다. 하루에 20시간 이상 바다 위에서 파도와 싸워서 잡아 올리기에 노동 강도가 매우 센 작업이다.

공장 가공용 홍게가 시중에 유통되면서 홍게는 살이 없고 맛이 짜다는 이야기가 들린다. 그러나 같은 홍게라도 수심과 지역에 따라 그 품질이 천차만별이다. 근해 조업 홍게는 양도 적고 속살이 많지 않으나, 수온 1, 2도의 차고 깨끗한 심해 먼바다에서 잡아 올린 홍게는 살이 꽉 차 있고 맛도 달달해 다양한 요리 재료로 쓰인다. 수입산 대게나 킹크랩보다 인기가 높다. 수심 1천 미터 이상 거의 빛도 들어오지 않는 심해는 수압이 수면보다 1백 배가량 높다. 그래서 게껍질이 거의 갑옷처럼 단단한데, 키토산의 원료인 키틴이 대게보다 더 많기도 하다.

속초에서 처음 홍게를 어획한 것은 1980년대 중반이다. 게를 포획하는 통발어업이 신종 어업으로 처음 개발되어 1984년부터 시작되면서 1985년 981톤에서 시작해 1986년 1,743톤, 1987년 3,780톤, 1988년 8,302톤으로 어획량이 늘어났다. 2006년에는 1만 1,923톤으로 속초시 전체 어획량의 53.8퍼센트, 어획고는 117억여 원으로 속초시 어획고의 24.3퍼센트를 차지했다. 이때부터 홍게의 어획량은 속초 전체 어획량의 절반을 넘었다. 그러나 2018년부터 어획량이 급감해 2022년에는 3,234톤으로 속초시 전체 어획량의 41.1%, 어획고는 103억여 원으로 속초시 어획고의 26.3%를 차지했다. 갈수록 홍게 어획량이 줄어드는 중이다.

1980년대만 해도 홍게의 국내 유통은 그리 활성화되지 않았다. 홍게 살을 가공해 수출용으로 판매하는 가공공장이 중심이 되어 선단을 꾸려 어획을 했다. 그러다 90년대 하반기에는 국제 시세의 하락으로 공장이 멈추면서 조업이 중단되는 사태가 나기도 했고, 2000년대 초반에는 감척사업으로 배가 줄기도 했다. 2006년에는 동해안 폐기물 투기와 관련해 수출길이 막히는 등 큰 어려움을 겪었다.

1990년대 후반부터 영덕대게가 거의 잡히지 않아 게잡이 배들이 홍게를 잡아 관광객들 상대로 판매하기 시작하면서 국내 유통이 점차 늘어났고, 속초중앙시장에서도 홍게를 저렴한 가격에 판매했다. 본격적인 홍게찜 전문점이 들어선 것은 2000년대 이후다.

같은 게를 홍게라 불러야 할까, 붉은대게라고 불러야 할까? 예전에는 홍게라고 불렀는데, 속초시에서 육성사업을 하면서 '붉은대게(속초붉은대게)'를 정식 이름으로 채택했다. 홍게라는 이름에는 예전 가공공장 납품용으로 살도 별로 없는 '물게'의 이미지가 남아 있어 이를 불식시키려는 의도도 있었다. 그러나 아직도 일반적인 식당가에서나 사람들 사이에서는 홍게라는 이름이 익숙하다.

2010년을 즈음해 속초에 먹거리 관광 붐이 일면서 홍게찜도 일약 속초의 별미로 부상했다. 바닷가 일대에 횟집들이 많이 들어서면서 정체에 빠지자 새롭게 인기를 끄는 홍게찜 전문 판매점으로 식당들이 변신했다. 홍게찜은 가격이 비싸 일반 생선회보다 이윤도 잘 나고 조리하기도 간편했다. 홍게를 먹으면 생선회는 서비스로 그냥 주는 집까지 생겼고, 보다 저렴한 홍게를 특정한 가격에 무한대로 먹을 수 있는 식당도 생겨났다.

잡아 온 홍게는 그 품질이 천차만별이다. 살아 있는 활게 중에서도 살이 꽉 차 있는 홍게는 게찜 전문 식당용으로 마리당 단가 입찰에 부쳐져 팔려 나간다. 식당용 홍게보다 작은 크기의 홍게는 무게당 단가로 입찰에 부쳐진다. 이런 것은 무한리필 홍게점이나 택배 판매용으로 나간다. 죽은 홍게 중에서도 양질의 홍게는 좀 더 저렴하다. 품질 좋은 홍게를 제외하고 살이 많지 않은 홍게를 물게라고 하는데, 이런 홍게는 게살가공 공장으로 들어가 홍게 살 제품으로 가공 생산된다. 이렇게 가공용으로 들어가야 할 저품질의 홍게를 저렴한 가격으로 인터넷 등을 통해 내다 팔아 소비자의 불만을 야기하고 홍게의 이미지에 먹칠하는 경우도 없지 않다.

수십 곳으로 늘어난 홍게 전문식당에서는 수입산 대게와 킹크랩까지 취급한다. 속초 사람들도 지인들이 홍게를 먹고 싶다고 해서 멋모르고 들어가 먹고는 계산서를 본 뒤 기겁했다는 이야기가 종종 들린다. 한 사람당 5만 원 이상은 써야 홍게를 먹었다고 말할 정도라고 한다(요즘은 비교적 저렴한 가격에 먹을 수 있는 홍게찜 식당도 많이 늘어났다).

이렇게 홍게가 속초 특산으로 큰 인기를 끌게 되자, 한때는 판로를 새롭게 개척하지 못해 감척사업으로 배를 줄이기도 했던 홍게잡이 선박이 30억 원에 매매되었다고도 한다. 홍게찜이 이렇게 값비싼 고급요리로 변신할 줄은 십여 년 전만 해도 많은 사람들은 생각지 못했다. 상전벽해라고 해야 할까.

아바이순대
고향 잔칫날 먹던 그리운 음식

　우리나라에는 각 지역별로 특색 있는 다양한 순대 문화가 발달했다. 크게는 제주도 피순대에서 비롯된 남방형 순대와 함경도 아바이순대에서 비롯된 북방형 순대로 분류할 수 있다.

　제주도의 피순대는 고려시대 몽골 군사들이 주둔하면서 전래된 것으로 추정된다. 돼지 창자 속에 피(선지)를 넣어 만든 순대로 주로 제주도와 전라도 지방을 중심으로 발달했다. 요즘은 두부와 야채 등속도 넣어 만들지만 기본적으로 피(선지)를 넣는다.

 북방형 순대라 할 함경도 아바이순대는 조선 세종 때 4군 6진 개척 등으로 함경북도 지방이 조선으로 편입되면서 여진족 등 이민족의 음식 문화가 한반도로 유입될 때 들어온 것으로 추정된다. 그 뒤로 함경도 사람들의 토속음식으로 사랑받다가, 한국전쟁 때 월남한 실향민들에 의해 전국으로 퍼졌다고 한다.

 함경도에서는 마을잔치나 경사가 있을 때면 돼지를 잡고 그 대창에 속을 채운 순대를 만들어 먹었다. 이 돼지순대를 함경도식이라고 해서 아바이순대라고 부른다. '아바이'라는 말은 함경도 사투리로 어르신을 의미한다.

 아바이순대는 돼지 대창에 무청 시래기, 돼지고기 잘게 썬 것, 피(선지), 마늘, 된장 등을 버무려 채워 만드는데, 선지보다는 야채와 곡물을 많이 넣어 만든다는 점에서 피순대와 차이가 난다. 요즘은 선지를 더 줄이고 찹쌀을 추가해 찰진 맛을 더한다. 돼지의 대창으로 만들어 크기가 보통 순대의 두세 배로 커서 왕순대라고도 한다. 돼지 한 마리당 50센티미터에서 1미터밖에 나오지 않는 대창을 구하기 힘들어서 요즘

은 보통 돼지 소창으로 만들어 판매한다.[10]

원래 아바이순대는 껍질이 두껍고 무청 시래기가 들어가 씹는 맛이 거칠어 여자들보다 남자들이 좋아했다고 한다. 그러나 점차 재료가 요즘 사람들 입맛에 맞추어 달라졌다.

이미 1990년대 중반에는 전국적으로 아바이순대집이 40여 곳에 이를 정도로 인기 있는 음식으로 자리 잡았다. 그런데 이 아바이순대를 식당 이름에는 함부로 쓸 수 없다. 특정인이 오래전에 상표권을 등록해 놓았기 때문이다. 1996년 9월 13일자 『중앙일보』에는 '아바이'라는 상호를 특정인이 상표권 등록을 하고는 변리사 사무소를 통해 전국 40여 개의 아바이순대집에 통상실시권을 사든지 아니면 간판을 내리라고 요구했다는 기사가 게시되기도 했다.

상황이 이러하다 보니, 서울 중구 가동의 어느 아바이순대 가게는 15년간 써온 상호를 '어마이'로 간판을 바꾸기도 했다. 일부 음식점은 당시 돈으로 150만 원을 주고 상호를 계속 쓰기도 했고, 몇몇 가게는 순대 하면 으레 아바이를 떠올릴 정도로 오래전부터 사용되어온 단어라면서 이름을 바꾸기를 거부했다. 아바이 상표권은 음식 일반에 효력이 인정돼 순대는 물론 족발, 보쌈 등 다른 식품에도 쓸 수 없다고 했다. 다만 위의 『중앙일보』 기사는 '아바이' 상호를 1985년 7월 1일 이전부터 사용해왔다는 증거를 제시하면 계속 사용할 수 있다는 것이 특허청의 유권 해석이라고 전했다.

특허 정보 사이트에서 검색해보면 요식업 부문으로 '아바이' 상표가 1984년 7월 12일 출원해 1985년 6월 26일 상표권 등록이 결정되어 그 권리가 여러 사람을 거쳐 여전히 살아 있다. 엄밀하게 말하면 아무리 함경도 실향민 아바이 출신이 하는 식당이라고 해도 상표권 등록자의 허락 없이 '아바이'라는 말을 쓸 수가 없는 것이다.

속초의 실향민 음식 아바이순대는 언제 등장했을까? 청호동 아바이마을에서는 '통심이'라 불리는 명태순대나 오징어순대를 자주 해 먹었다. 일단 재료를 구하기 쉬웠기 때문이다. 그러나 아바이순대는 돼지 막창을 구하기도 쉽지 않고 손이 많이 가기 때문에 일반 가정에서 만들어 먹기가 쉽지 않았다. 잔치가 있을 때나 돼지를 잡아서 만들어 먹는 정도였다.

처음 아바이순대가 대외적으로 등장한 것은 1996년 2월이다. 제1회 설악눈꽃축제 행사장에서 속초의 실향민 음식으로 처음 선보인 것이다. 당시 축제장에서 인기를 끈 아바이순대는 1999년 강원국제관광엑스포에서 명태순대와 도루묵식해, 가자미회국수, 함흥냉면과 함께 속초 실향민 음식으로 판매되었다.

아바이순대가 속초의 일반 식당에서 판매되기 시작한 것은 2000년 이후다. 1999년부터 오징어순대와 찰순대를 만든 어느 업체에서 2000년 이후 아바이순대를 만들어 내놓았고, 이 순대를 2000년 〈가을동화〉 방영 이후 탐방객들이 몰린 아바이마을에 있는 식당들에서 판매하기 시작했다.

1996년 설악눈꽃축제장에서 선보인 건 돼지 대창으로 만들어 크기도 일반 순대보다 훨씬 커서 왕순대라고 불리는 아바이순대였다. 하지만 1999년 식품공장에서 만든 아바이순대는 대창이 아닌 소창으로 만들어 전통적인 아바이순대보다는 굵기가 훨씬 가늘다. 다수 식당에서는 아바이순대를 직접 만들기보다는 공장 제조 순대를 판매하고 있어 집집마다 맛의 차이가 없다. 딱 한 곳 아바이마을 통천아마이식당에서 아바이순대를 직접 만들어 팔기도 했지만 2015년 이후에 문을 닫았다(최근 들어 직접 아바이순대를 만들어 판매하는 식당이 생겨나고 있다).

아바이순대가 유명해지면서 아바이순댓국도 식당 메뉴로 추가되었다. 또한 아바이순대와 오징어순대, 명태회무침을 한데 모은 모듬순대 메뉴도 인기가 있다.

속초의 실향민 음식 중에서 가장 늦게 선을 보였지만, 그 의미는 각별하다. 아바이순대는 실향민들이 고향에서 잔치나 경사 때 먹던 귀한 음식이다. 맛도 맛이지만, 음식이라면 모름지기 크고 먹음직스럽게 만들어야 한다는 함경도 음식 스타일을 대표하는 순대다. 실향민들이 그리운 고향 땅을 밟는 날에는 아바이순대를 먹어야 하지 않을까? 실향민의 그리움과 소망을 담은 아바이순대이기에 그 원형과 맛이 제대로 복원되기를 기대한다.

섭죽
천하에 이 진품기물을 먹어본 자 몇몇이나 되는고

　예로부터 소문난 동해안 별미로 섭죽(홍합죽)을 빼놓을 수 없다. 육당 최남선이 1946년 펴낸 『조선상식문답』에서는 강릉의 방풍죽과 함께 함경도 이원군의 바닷가 마을 차호의 '홍합죽'을 우리나라 지방 유명음식으로 손꼽았다. 홍합을 함경도나 강원도에서는 '섭'이라고 부른다. 일제강점기 때의 자료를 찾아보면 함경도 해안 지역에서는 여름 풍속으로 섭죽을 주로 끓여 먹었다고 나온다. 1927년 10월 1일자로 발간된 잡지 『별건곤』 제9호의 「섭죽! 동해변의 특색」이라는 글이 함경남도 이원군 차호읍의 섭죽 끓여 먹는 이야기를 소개해주고 있다.

> 섭죽이야말로 팔도명물 중 대표적 명물이다. 여유 있는 친구가 네다섯 명 모이게 되면 "자, 오늘은 날씨도 좋고 하니 섭죽 놀음이나 가세" 하면 당장에 모두 좋다고 한다. 배를 빌리고 쌀을 사고 고기를 사며 계란을 사며 파니 마늘이니 후추니 고추니 하며 한참 법석을 치다가 다 준비가 되면 배를 띄워 해상으로 나아가게 된다. (…)
> 송곳바위를 끼고 돌아 광지 바위에 배를 대고 모두 두 눈을 밝혀 바위에 붙은 섭(석합石蛤)이 있는지 살피고 나서는 일제히 옷을 벗고 해녀 모양으로 물속으로 뛰어든다. 문어새끼 모양으로 물속 바윗돌을 끼고 뺑뺑 돌아다니며 섭을 따서 뱃전으로 자꾸 던진다(혹은 바위 위에 서서 기구로 따기도 한다). 이리하여 약 한 광주리나 두어 말 따게 되면 "자! 이제는 그만 따도 좋다!" 하고 곧 뱃간으로 모여든다. 배를 띄워 적벽 아래 청백석장靑白石

場으로 자리를 잡는다. 한쪽에서 쌀을 일고 고기를 씻으며 또 한쪽에서 나무를 하며 불을 지피고 다른 한쪽에서는 섭을 씻어서 다 준비가 되면 고기, 쌀, 섭을 넣고 한참 죽을 쑤다가 계란을 넣고 양념을 넣고 해서 천하의 진미는 다 한 그릇에 모이게 한다. 이리하야 죽이 다 되면 열대의 토인 모양으로 모두 벌거벗은 채 (…) 뼁 둘러앉아 한 잔 하고 한 공기, 두 잔하고 두 공기 이렇게 열 공기, 열다섯 공기를 먹는 친구가 있다. 맛이 어찌 좋은지 실로 셋이 먹다가 둘이 죽어도 모를 지경이다. 이렇게 잘 먹고 실컷 뛰놀다가 적벽赤壁의 홍파紅波가 장군바위를 침범할 때가 되어 서서히 배를 띄워 돌아온다. 이것이 이원利原의 한 특색이다. 귀빈이 오면 무엇보다도 이것으로 통전通錢을 대신한다. 천하에 이 진품기물珍品奇物을 먹어본 자 몇몇이나 되는고."[11]

이처럼 향수를 자아내는 기억을 갖고 있다 보니 함경도 출신 월남 실향민에게 섭죽은 곧 그리움을 담은 음식이기도 하다. 함경북도 성진시(지금의 김책시) 출신 어느 실향민은 어린 시절 친구들과 함께 먹었던 섭죽을 그리운 고향의 기억 가운데 첫 번째로 손꼽았다. 1992년 북한의 나진·선봉에서 두만강 개발 회의가 열릴 때 북측에서 해변 모래사장 위에 식탁을 차려 놓고 붉은대게와 대합전골, 홍합죽을 지역 특산음식으로 내놓기도 했다.

섭(홍합)은 『세종실록지리지』에 강원도와 경상도, 전라도의 공물로 등장한다. 강원도에서도 강릉, 삼척, 양양, 간성의 공물로 나오고, 함길도에서는 예원(정평군), 종성의 공물로 나온다. 기록을 보면 섭죽도 그 역사가 꽤 오래된 것으로 보인다. 영조 즉위년 『승정원일기』에는, 사람이 애통한 일을 당하면 화열로 병이 생기는데 이 땅의 효자 중에 부모께 홍합수계탕紅蛤水鷄湯을 먹게 하여 슬픔으로 목숨을 잃는 일을 면케 한 경우가 있다고 나온다. 비록 죽은 아니지만, 홍합과 닭을 함께 끓이는 것은 지금의 섭죽 조리법과 많이 닮았다.

영조 때 『승정원일기』에서는 또한 홍합으로 쑨 미음이 위장을 보호한다고 나오며, 정조의 일기체로 기록된 『일성록』에도 정조가 직접 "홍합 미음이 꽤 효과가 있다"라고 언급한 내용이 나온다. 19세기 말엽의 요리책 『시의전서』 향토음식 편에는 강원도의 담치죽,

함경도의 섭죽(섭조개죽), 여수의 홍합죽이 나온다. 이처럼 지방마다 다르게 부르는 담치와 섭, 홍합이 각각의 조리법은 같지 않을지라도 모두 하나의 죽으로 만들어지는 것이다.

내가 사는 강원도 바닷가에서도 여름에 섭죽 끓여 먹기를 최고의 피서로 손꼽았다. 그래서 섭죽 이야기만 나오면 동해안 출신 사람들 입에서는 정말 많은 이야기가 쏟아져 나온다. 자신이 얼마나 깊이 잠수를 해서 캐 왔는지, 그 섭이 얼마나 크고 굵은지 이루 말할 수 없다고 자랑하는 무용담에서부터, 어떻게 끓여야 섭죽이 맛있는지, 또 섭죽이 얼마나 맛있는 음식인지에 관한 일장 연설까지⋯ 갯바위에 새까맣게 붙은 섭처럼 바닷가 마을 출신들의 기억에는 섭죽의 추억이 다닥다닥 붙어 있다.

따지고 보면 갯바위나 섬이 있는 바닷가 마을은 모두 섭죽의 명소다. 고성 거진항 북쪽 해안가 뒷장이라 부르는 백섬 일대는 수심도 얕고 바위섬에 굵은 섭이 붙어 있어 여름이면 마을 사람들이 섭죽을 끓여 먹고 물놀이 하는 곳으로 유명하다. 고성 오호리나 삼포리, 천진이나 봉포 사람들은 죽도나 호미섬, 봉포대섬(무로도)에 배를 타고 건너가서 섭죽을 끓여 먹었다. 농촌마을인 고성 운봉리 마을 사람들은 문암1리 (망개) 바닷가에 나가서 섭죽을 끓여 배불리 먹고 물놀이를 즐겼다. 더운 여름날 논에서 김을 매다가 마을 사람 몇몇이 어울려서 장작, 식은 밥, 밀가루, 감자, 장, 파, 부추, 초피 등을 리어카에 싣고는 3킬로미터 정도 떨어진 바닷가까지 걸어가서 솥을 걸고 불을 지폈다.

속초에서는 거대한 영금정 너럭바위가 섭죽을 끓여 먹는 명소였다. 영금정 바위 주변은 수심이 깊고 파도가 세지만, 어른들뿐만 아니라 수영 잘하는 중고생도 숨을 참고 물속에 들어가 섭을 땄다. 장작과 솥단지를 둘러메고 영금정 바위 위에 자리 잡고는 바위 틈에 솥을 걸어놓고 섭죽을 끓여 먹었다. 한나절 내내 물속을 들락거리며 출출해지면 섭죽 한 그릇 떠먹고 또 물에 들어가기를 반복했다. 영금정 바위의 섭은 워낙 굵어서 수영 잘하는 청년들이 쇠파이프를 들고 들어가야만 따올 수 있다고도 했다.

모래 해변이라 갯바위가 없는 청호동 아바이마을에서는 덴마(전마선, 노를 저어 이동하는 작은 배)를 타고 앞바다의 조도에 올라가 섭을 따 왔다. 섬에는 주먹만 한 섭이 많아 작은 건 아예 거들떠보지도 않았다고 한다. 예전에는 속초와 양양 경계인 쌍천다리 아

섭죽

래가 여름철 많은 사람들이 찾는 피서 장소였다. 다리 밑 그늘에 자리 잡고 쌍천에서 잡은 은어를 구워 먹고, 대포 바닷가에서 따온 섭으로 죽을 끓여 먹었다.

양양에서는 손양면 수산항이 섭죽의 명소였다. 수산항이 지금 같은 항구로 개발되기 전에는 넓은 모래사장과 군데군데 갯바위가 있었기 때문이다. 이곳에서 섭죽 끓여 먹는 게 얼마나 유명했는지 바다를 인접한 속초에서도 멀리 이곳까지 찾아왔다. 양양 서면 수리에서도 여름이면 리어카에 솥과 장작, 쌀 등을 싣고 10킬로미터 떨어진 수산항까지 두 시간 넘게 걸어와서는 섭죽을 끓여 먹기도 했다니, 그 유명세가 짐작이 간다.

양양읍 남문리 출신인 고 안병하 전남경찰국장은 5·18 광주민주화운동 때 계엄군의 발포 명령을 거부했다는 이유로 직위 해제되어 보안사에 끌려가 심한 고문을 받고 풀려났다. 이후 망가진 몸을 추스리려고 고향 양양에 찾아와 잠시 머물렀다고 한다. 그의 아들 안호재 씨는 부친과 함께 양양에 친척을 만나러 왔을 때 섭죽을 대접받아 맛있게 먹었던 일을 기억하고 있다. 이처럼 섭죽은 영동 지역에서 귀한 손님을 대접하는 음식이기도 했다.

바닷가 갯바위에 흔히 붙어 있던 섭도 이제는 많이 귀해졌다. 해녀들이 따 오는 자연산 섭이 시장에 나오긴 하는데 그 양이 많지 않다. 그렇지만 지금도 섭죽 끓여 먹는 문화는 계속 이어져온다. 여름이 되면 가족들이나 친구들끼리 바닷가에 나가 섭죽을 끓인다. 여름 피서라고 휴가를 온 자식들에게 고향의 별식이라고 섭을 따다가 죽을 끓여 내놓는 문화도 여전하다. 고추장을 풀어 얼큰하게 끓인 섭죽 한 그릇이라도 먹지 않고서는 도저히 여름을 그냥 보내지 못하는 섭죽 마니아들이 많다.

섭죽은 혼자 먹는 음식이 아니다. 섭을 따다가 함께 끓여서 나눠 먹는 음식이다. 여럿이 모여 떠들썩하고 요란스럽게 함께 먹어야 제맛이 난다. 이 동네에 이사를 와서 이웃으로부터 같이 섭죽을 먹자고 제안을 받는다면, 무슨 일이 있어도 함께 가기를 권한다. 같이 섭죽을 한 번 끓여 먹어야 제대로 이웃이 되고 친구가 되는 것이다.

섭죽 문화는 너무나 흔하게 여겨져서 정작 이 지역 사람들은 그 소중함을 잘 모른다. 올여름 바닷가에서 먹은 한 그릇 섭죽이 백 년 전에도 동해안 명물로 소개된 바로 그 섭죽이다. 섭죽 한 그릇에는 오랜 세월 동안 전해 내려온 이곳의 음식 문화 전통이 그대로 담겨 있다.

섭죽

해난사고
바다와 함께 울고 웃다

　동해안 지역에서 한때 수산업이 활황기를 누리면서 소수의 사람들이 부를 거머쥐기도 했으나, 대부분의 어민들은 삼중고에 시달리는 고달픈 생활을 해야 했다.
　첫 번째 고통은 변덕이 심한 어황으로 인한 궁핍이었다. 지난해 풍획을 했다고 해서 다시 올해도 많이 잡는다는 보장이 없는 게 어황이다. 한때는 단일 어종으로 최고의 어획량을 기록했던 정어리가 한순간에 동해안에서 사라지기도 했을 정도다. 물론 농사일도 천기에 따라 풍흉이 갈리기는 하지만 바다와 같이 변덕스럽지만은 않다. 명태와 오징어의 어황도 해에 따라 풍흉이 크게 엇갈려 하루 벌어 하루 먹고사는 어민들은 그때마다 울고 웃어야 했다. 흉어 때는 때꺼리(끼닛거리)가 없어 고통받았으며, 풍어 때는 어가 하락으로 한숨지어야 했다. 연근해에서 고기가 잡히지 않게 되면서 멀리 대화퇴 어장과 동중국해까지 장기 출어를 나가야 했고, 동해안 어민가족들의 생활은 더욱더 어려워졌다.

두 번째 고통은 해난사고의 위험이었다. 기상관측 기술이 발달한 요즘에도 바다에서는 돌발적인 사태가 자주 발생한다. 하물며 변변한 기상예보도 쉽지 않았던 시기에 바다에 나가서 조업을 한다는 것은 항상 생명을 내놓는 위험천만한 일이었다. 망망대해에서 배의 밑판 널빤지 한 장 사이로 이승과 저승이 엇갈리는 어민들의 세계에서는 초자연적인 힘에라도 의지해야겠다는 심사로 무속신앙에 의존하는 문화가 널리 퍼져 있었다. 그래서 지금도 이 지역 바닷가 마을에는 대나무를 대문 옆에 높이 세운 무당집을 쉽게 발견할 수 있다.

주요 해난사고를 살펴보면, 1930년 7월 18일 초유의 태풍으로 당시 양양군과 고성군 일대에서 해난사고가 일어나 1천 명 이상 사망했다. 1962년 1월 2일 갑작스런 돌풍으로 속초항 바로 앞에서 어선들이 전복되어 스물네 명의 어민이 목숨을 잃었다. 1968년 68해일 때에는 수백 척의 어선들이 파손되어 인명사고까지 발생했다. 1976년 10월 28일에는 울릉도 동북쪽 4백 킬로미터에 위치한 대화퇴 어장에 우박이 쏟아지고 폭우까지 몰아치며 파고 10미터가 넘을 듯한 삼각파도가 일었다. 속초를 비롯한 동해안 항포구 소속 열네 척의 오징어잡이 선박에 탔던 325명의 선원들이 망망대해 바다에서 폭풍우를 맞아 아무 도움도 받지 못하고 불귀의 혼이 되고 말았다.

1977년에는 울릉도 근해에서 속초항 소속 제11강원호가 침몰해 스물여섯 명의 선원이 익사하고 다섯 명은 3일 동안 표류하다 기적적으로 구조되기도 했다. 1986년 11월 25일 속초항 소속 천양호가 동해상에서 가라앉아 한 명만 구조되고 스물다섯 명이 사망했다. 1990년 3월 2일에는 속초항 소속 하나호가 제주도 남쪽 해상에서 사고를 당해 선장 유정충 씨의 희생으로 선원 스물한 명은 구조되고 본인은 배와 함께 물에 잠겼다. 이 살신성인의 정신을 기리기 위해 전국어민장으로 장례식이 치러졌으며, 지금도 그 동상이 속초에 세워져 있다.

세 번째 고통은 바로 접경지역 조업에 따른 피랍 사태였다. 동해안에서 어로작업을 하다 북에 피랍된 어민들만 해도 1,700여 명이 넘는다. 1957년 처음 발생한 이래, 남북 간의 갈등이 고조된 1960년대 말과 70년대 초에 피랍 사건이 주로 발생했다.

어선 피랍의 위험이 높다고 해서 어로저지선을 무조건 남쪽으로 내릴 수만도 없는 일이었다. 동해안의 대표적인 명태 어장이 접경지역에 형성되어 있었기 때문이다. 그래서 1968년까지 어로저지선은 오르락내리락 조정되기를 거듭했다. 피랍 사건이 발생하면 저지선을 남하했고, 다시 수산업 증산이 절실하면 저지선을 북상하기를 반복했다. 1968년 11월 23일은 동해안 어민들의 생계에 치명적인 결정이 내려진 날이다. 그날 국무회의에서는 동해 어로한계선을 8킬로미터 남하하기로 의결하고, 어로저지선을 넘어가는 어민들에게는 반공법을 적용해 엄중 처벌하기로 했다.

피랍 등과 관련해 동해안 어민들에 대한 조처는

가혹했다. 1971년 속초 일대에서 3백여 명의 어민들이 어로한계선이나 군사분계선을 넘어 월선 조업을 했다는 이유로 구속되었다. 북으로부터 귀환한 납북어부는 선장뿐만 아니라 일반 선원까지도 모두 반공법과 국가보안법, 수산업법 위반으로 구속되었다.

어로저지선 남하에 따른 피해는 막대했다. 1971년부터 1973년까지 3년에 걸쳐 동해안 어민들은 극심한 흉어로 양식이 떨어질 위기에 빠져 일선 시군에서 구호 양곡을 풀기도 했다. 어로한계선 8킬로미터 남하로 마을 앞바다 조업이 금지된 동해안 최북단 어촌마을인 마차진리 주민들은 지금의 속초시 장사동인 고성군 토성면 사진리 영랑호 변으로 이주해야만 했다.

납북되었다가 돌아온 어민들 중에는 독재정권 시절 간첩으로 조작되어 평생을 억울한 누명을 쓰고 살아야 했던 사람들도 제법 많다. 최근 몇 차례 재심 판결로 그중 일부가 누명을 벗긴 했지만, 다수의 납북어부 출신들에게 가해진 국가 공권력의 인권 유린은 아직도 완전히 해결되지 않았다. 그들에게 씌워진 멍에는 여전히 그대로다.

특히 속초는 거친 파도를 헤치며 바다를 삶의 터전으로 삼아온 어민들의 도시였다. 많은 어민들의 희생과 노력을 바탕으로 속초 수산업은 이 도시를 형성하는 원동력이 되었다. 항포구 어판장은 어민들의 땀과 눈물, 기쁨과 슬픔이 배어 있는 곳이다. 지금도 어판장에 물고기가 보이지 않으면 일순간에 도시가 활력을 잃어버린 듯하다. 그러다가도 어판장에 물고기가 넘쳐나면 다시 도시 전체에 새 피가 돌듯 활기가 넘치기 시작한다.

영국 스코틀랜드 수산박물관에는 일반 박물관과는 달리 특별히 '기억의 방Memorial Room'이라는 공간이 마련되어 있다. 바다에서 희생된 어민들의 이름을 기록하고 추모하는 공간이다. 오랜 수산업의 역사에 비춰보면 수산도시 속초에 이런 공간 하나 없다는 게 안타깝다.

지금은 바다에 나가 고기를 잡는 일의 형편이 예전보다 많이 나아졌다고들 한다. 하지만 큰 멀기(파도)가 이는 시퍼런 바다에 나가 물고기를 잡아 오는 일은 여전히 힘들고 고되다. 깊은 바다에서 어렵게 잡아 온 바다음식을 먹을 때, 부지런한 어민의 수고로움을 조금이라도 생각해보는 것은 어떨까? 거기에 밴 손맛에는 요리사의 그것만 있는 것이 아니다.

실향민 음식 1
음식 하면 남쪽은 전라도, 북쪽은 함경도

    실향민 집단 공동체를 이룬 속초에는 남한의 다른 지역에서는 볼 수 없는 독특한 음식 문화가 이어져 내려오고 있다. 바로 강원도와 함경도의 음식 문화가 함께 접목된 것이다.

    1978년 4월 당시 문화공보부 주관으로 다섯 명의 전문가가 조사 작업을 진행해, 지역별로 무형문화재 지정 대상 고유음식을 추천했다. 여기에 강원도 고유

음식으로 막국수, 차수수밥, 감자부침, 도토리묵, 오징어순대, 취나물, 북어식해, 더덕생채, 팥국수, 취쌈, 옥수수범벅, 머루주가 올랐다. 함경도 고유음식으로는 함흥냉면, 함흥가리국밥, 도루묵식해, 동태순대, 고등어회, 좁쌀떡, 다시마냉국, 원산잡채, 순대, 비웃구이, 털게식해, 가자미식해가 올랐다. 여기에서 동태순대(명태순대)가 함경도 고유음식으로, 오징어순대는 강원도 고유음식으로 추천된 것이 눈에 띈다. 한국전쟁 후 함경도 실향민들의 집단 이주로 속초 지역에서 강원도와 함경도의 향토음식이 뒤섞이게 되었음을 알 수 있다.

함경도 음식은 그 모양에서 먹음직스럽고 크며 장식이나 기교를 부리지 않고 사치스럽지 않다. 맛은 담백하고 시원하다. 이북 음식 중에서도 함경도 음식을 가장 알아준다는 평도 있다. 2016년 한식진흥원에서 발간한 『그리움의 맛, 북한 전통음식』에 수록된 함경도 음식의 특징과 대표음식 관련 내용을 정리하면 다음과 같다.

함경도 지방은 지리적으로 동해안을 낀 해안지대와 산간지대가 대부분이다. 그래서 논농사가 발달하지 않아 멥쌀밥은 먹기가 힘들었고 콩과 조, 귀밀(귀리), 기장 등 잡곡 생산량이 많아 주식으로 기장밥, 조밥 등 잡곡밥을 주로 먹었다. 감자가 많이 나기에 감자를 이용한 음식도 많이 발달했다. 추운 지방이라 언감자국수, 언감자송편 등이 유명하고, 감자로 녹말을 만들어 면을 뽑은 '농마국수'가 유명하다.

동해안은 한류와 난류가 교차하여 명태와 청어, 대구, 연어 등이 풍부하게 잡혀 함경도에서는 이를 이용한 다양한 음식이 발달했다. 함경도 해안가에서는 명태와 가자미, 도루묵으로 식해를 담가 반찬으로 먹었다. 겨울철 산란기에 나는 도루묵은 구이나 식해로 먹었다.

함경도 음식은 짜지 않으나 고추와 마늘 등 양념을 많이 쓰고, 추운 지방이라 몸을 데워주는 음식을 즐겼다.

조밥 함경도에서는 조밥과 조쌀죽을 주식으로 먹었다. 조밥에 콩을 섞어 먹기도 했다.

귀밀밥 함경도 산간지대에서 귀밀쌀(귀리)로 밥을 해 먹었다.

감자밥 함경도 지방 감자는 크고 잘 여물어 맛도 좋아 특산물로 꼽히며 주식으로 자리 잡았다.

섭조개밥 섭(홍합)을 넣고 지은 밥이다. 죽으로도 먹었다. 섭조개로 장과 꼬치구이 등 여러 가지 요리를 만들었다.

함경도비빔밥 멥쌀밥에 소 양지살과 콩나물, 양념을 얹어서 비벼 먹었다. 가장 소박한 비빔밥이다.

감자녹말국수(함흥농마국수) 함흥냉면의 원조 격인 국수다. 평양냉면이 메밀면인데, 농마국수는 감자 녹말로 면을 뽑았다. 쇠고기와 돼지고기, 닭고기를 각각 삶아 합쳐서 국물은 육수로 사용하고 고기는 꾸미(고명)으로 얹었다. 바다에 인접한 곳에서는 명태나 가자미, 홍어회를 꾸미로 올려 회국수로 먹었다.

회국수 메밀면에 대구회무침, 미나리와 무 등을 얹어 국물을 부어 먹었다. 메밀 대신 감자 녹말로 면을 만들기도 하고, 대구회나 명태회 대신 가자미, 대구, 오징어 등을 회로 사용하기도 했다.

원산막국수 꿩고기 국물에 메밀면을 넣고 꿩고기살을 고명으로 얹어 먹었다.

감자막갈이만두 함경도와 강원도에서 발달한 향토

실향민 음식

음식. 감자를 거칠게 갈아서 만들었다고 하여 '막갈이만두'라고 했다. 밀가루로 만든 만두피 대신 감자 녹말을 이용한 만두피를 사용했다. 반죽이 질어서 밀가루처럼 밀대로 피를 만들지 않고 손으로 송편처럼 빚었다. 생감자를 갈아서 만들기도 하고, 상처가 난 감자를 모아 썩힌 후에 만든 감자 녹말로 만들기도 했다. 썩힌 감자 녹말을 이용하면 검은 빛이 돈다.

함흥가릿국(함흥갈빗국) 가리는 갈비라는 뜻이다. 소갈비를 푹 삶아서 여러 가지 양념을 넣어 만든 국으로 밥을 말아 먹었다.

회령단고기국(회령개장국) 북한 지방에서 개고기를 단고기라고 했다. 개장국, 보신탕이다.

세치네장국(소천어장국) 민물고기인 세치네(소천어)로 끓인 장국으로 해방 전 북청 지방을 비롯해 일부 지방에는 세치네장국 전문점까지 있었다.

산천어장 산천어와 야채, 양념을 넣고 자박자박하게 끓인 것이다.

미역국 참게살을 넣어 끓였다.

명태매운탕 명태와 두부, 풋고추, 대파, 고추장을 넣고 끓인 매운탕이다. 명태에서 나온 곤지(이리)

와 애, 양념을 섞어 함께 끓였다.

갓김치 함경도 산간지대에서 갓을 많이 재배하여 김장김치로 담가 먹었다. 갓김치 국물은 언감자국수나 귀밀국수의 국물로도 먹었다.

영채김치 갓김치의 한 종류로 영갈채갓김치, 산갓김치라고도 불렀다. 길주명천 지방에서 잘 담갔다. 귀한 손님이 오면 밥반찬으로 대접했다.

무청김치 무청김치, 마늘종짠지도 산간 지대의 별식이었다.

함경도깍두기 깍두기에 대구살을 함께 넣어 삭혀 먹었다.

미역나물 미역과 다시마를 가늘고 길게 썰어서 무쳤다.

기름고비나물 기름고비는 축축한 땅이나 냇가에서 나는 산나물이다. 어린 것을 참기름에 볶아서 먹었다. 잔칫상이나 제사상에 올렸다.

취나물 함경도 산간지대에서 나는 취나물로 여러 가지 찬으로 먹었다. 취나물 쌈이 별미였다.

햇닭찜(함흥영계찜) 6월에서 8월 중 복날에 즐기는 음식이다. 환자의 건강식으로도 많이 쓰였다.

두부회 모두부를 양념만 해서 그대로 먹었다. 귀한 손님 대접할 때도 쓰였고, 잔칫상에도 놓았다.

원산잡채　문어와 섭조개(홍합), 대합조개 등 푸짐한 해산물을 당면, 양념과 함께 무쳐 잡채를 만들었다.

오징어양념구이　오징어에 고추장 양념을 발라 숯불에 구웠다.

혜산산닭구이, 선봉닭구이　닭을 잘라 양념장에 재워 구웠다.

청어구이와 청어찜　청어가 많이 잡혔다. 찜과 구이로 먹었다.

북청게찜　『지봉유설』에 북청 지방에서 봄철에 잡은 게가 맛이 좋아 소문이 났다고 했다.

가자미식해　가자미가 많이 나는 함경도와 강원도 동해안 지역에서 즐겨 먹었다. 북청 지방의 가자미식해가 유명하다. 멥쌀밥을 쓰지 않고 조밥을 넣어 맛과 모양을 좋게 했다.

명태순대　명태의 내장과 뼈를 빼내고, 곤지(이리)와 애를 잘게 다져서 배추와 숙주 등을 섞어서 명태 속에 소로 넣어 쪄서 먹었다.

함경도순대(아바이순대)　돼지 대창에 선지와 찹쌀, 배추 우거지, 숙주 등의 야채와 양념을 버무려 넣은 순대. 대창으로 만들어서 크기가 아주 컸다.

성게알젓(운단절임) 성게알로 담근 젓. 성게알을 운단이라 한다. 소주를 뿌려 넣기도 했다. 일제강점기 때 일본인들이 특히 좋아하는 고급음식이었다.

조찰떡 조찹쌀(차조)을 쪄서 팥고물을 묻혀 만들었다.

귀밀떡 귀밀쌀(귀리) 가루를 익반죽하여 판대기를 빚어 익힌 다음 팥고물을 묻혀 만들었다. 삶지 않고 솥에 찌기도 했다.

귀밀송편 귀밀쌀 가루를 익반죽하여 팥소를 넣고 빚어, 끓는 물에 익힌 다음 기름을 발라 먹었다.

기장취떡 기장쌀 가루로 익반죽하여 쪄서 취를 넣고 쳐서 고물을 묻힌 떡이다. 떡고물은 강낭콩을 삶아서 계피가루를 넣고 소금으로 간을 맞췄다. 5월 단오에 주로 먹는 명절음식이다.

언감자떡 질기면서도 매끄럽다.

감자찰떡 찐 감자를 떡메로 쳐서 팥고물이나 콩고물을 묻혀 먹었다.

기지떡, 꼬장떡 멥쌀가루로 만든 떡. 기지떡은 잔칫상에 올렸다. 꼬장떡은 소를 넣지 않고 그대로

실향민 음식

반죽해서 모양을 잡아 쪘다.

과줄(약과) 잔치나 제사 때 과줄을 썼다. 색과줄과 흰과줄이 있는데, 제사에는 흰과줄을 썼다. 과줄에 튀긴 당면을 붙인 분탕과줄(당면과줄)도 만들었다.

들쭉단묵 백두산 일대에서 나는 들쭉나무 열매로 만든 양갱.

감자엿 감자로 만든 엿으로 정월 대보름에 달여 먹었다.

이러한 함경도 향토음식 중에 속초 실향민 음식으로 전승된 것을 꼽자면, 감자녹말국수가 원조인 함흥냉면, 속초의 대표적인 식해인 가자미식해, 아바이순대, 명태순대, 갈빗살로 끓인 가리국밥, 성게알젓 등이다. 물론 '임연수어구이'나 '오징어양념장구이'처럼 수산물을 이용한 음식은 함경도나 강원도 해안가 어디에서나 비슷하기에 어느 지역 향토음식이라 콕 집어 말할 수 없는 경우도 많다.

탈북 요리연구가 이애란 교수가 2012년 써낸 『북한식객』에는 함경도 향토음식에 대한 내용이 다수 나온다. 몇 가지 내용을 추려 정리하면 다음과 같다.

- 북한에서는 냉면이라는 말을 잘 사용하지 않는다. 함흥냉면이라는 메뉴는 찾아보기 어렵다. 회국수도 있었지만 남한처럼 차게 먹었던 것 같지는 않다. 북한의 함흥에는 냉면이 없고 감자농마(녹말)국수가 있다.
- 함경도 사람들은 평안도 사람들이 끓인 동태탕을 잘 먹지 않는다. 평안북도 지방에서는 동태의 밸, 즉 내장을 따지 않고 통째로 끓인다. 그래서 함경도 사람들은 평안도 사람들이 동태의 밸도 꺼내지 않고 먹는다고 비웃는다. 함경도 지방에서는 생선탕을 끓일 때 꼭 양념을 따로 만드는데 양념은 고추기름에 생선의 애와 마늘을 다져 넣어 만든다. 이 양념을 생선탕에 얹어 먹으면 매콤한 맛이 일품이다. 함경도 지방에서는 비교적 고춧가루를 많이 넣어 매콤하게 음식을 한다.
- 함경도 지방의 음식은 자극성이 강하기 때문에, 남한에서 전라도 음식을 알아주는 것처럼 북한에서는 함경도 음식이 평안도 음식에 비해 더 좋은 평가를 받는 편이다. 또한 함경도 여성들은 생활력도 강하고 일솜씨가 맵짜고 요리솜씨도 상당히 좋은 편이라 특히 평안도나 황해도 여성들이

만든 음식을 탐탁치 않아 한다.

- 북한에서는 명태식혜가 표준말인 반면, 남한에서는 명태식해가 옳다고 한다.
- 한국전쟁 때 월남한 실향민들이 명태식해와 가자미식해를 만들어 보급하면서 지금도 그 맥을 잇고 있는데 좁쌀을 넣어 발효시키는 것이 특징이다. 현재 북한의 명태식해는 대부분이 무만 넣어 담근다. 조를 거의 심지 않기 때문에 강냉이밥이나 쌀밥을 넣어 만든다. 무만 넣어 만든 식해보다 훨씬 못하다.
- 북한에서 1980년 이전까지는 명태순대와 명태대가리순대를 많이 만들어 먹었다. 함경도 사람들은 명태순대를 만들어 밥 대용으로 먹기도 하고 술안주로 손님에게 대접하기도 한다. 명태순대는 추운 지방에서는 만두처럼 만들어서 얼려두었다가 필요할 때마다 쪄서 먹는 저장음식이기도 하다.

실향민 음식 2
팥죽을 먹을 때 오그랑 넣지요

　실향민 음식 문화에 대해서는 1998년 속초문화원이 펴낸 『속초 청호동의 민속과 언어』에 잘 정리되어 있다. 이 책은 장정룡, 김무림 두 저자가 실향민 1세대의 증언 등을 토대로 해 집필한 것이다. 주로 청호동의 음식 문화를 다뤘는데, 월남 실향민이 청호동 주민의 대부분을 차지하고 있어 이것이 곧 속초의 실향민 음식 문화 일반이라고 해도 틀리지 않다. 그 내용을 재정리하면 다음과 같다.

- 청호동 주민의 음식은 함경도의 풍습에 많은 영향을 받았다. 바다를 끼고 있어 해산물로 만든 음식이 풍부한 편이다. 음식의 간은 짜지 않고 담백하지만 마늘과 고추 등 양념을 강하게 쓴다. 김치나 떡, 장류는 검소하고 소박한 음식 문화를 보여준다. 해물요리는 대부분 지지는 조리법을 쓰고 있다. 또한 물좋은 생선으로 얼간생선(생선에 소금을 약간 뿌린 것으로 제대로 절인 것이 아니라 대충 간을 맞춘 것을 말한다. 얼간고등어는 소금에 완전히 절인 자반과 구별된다)을 만들어 양념하여 찌는 조리법이 보편적이다. 물론 신선한 어물이 많아 회를 내놓는 경우가 많고 매운탕도 다른 해안처럼 많이 만들어 먹는다.

- 청호동 사람들이 즐겨 먹는 함흥냉면은 가자미 생선회를 맵게 비벼 먹는데, '다데기'라는 말도 함경도에서 나온 말로 고춧가루 양념의 별칭이다('다대기'라고도 한다. 국립국어원에서는 '다대기'를 일본어 '두드리다'라는 말에서 나왔다고 '다진 양념'을 쓰도록 권장하고 있다. 이와는 달리 '다대기'가 '다

져서 만든 것'이라는 민간 어원에서 유래했다는 주장도 있다). 옛날에는 함경도에서 좋은 고구마가 많이 나서 그 녹말을 썼으나 남쪽으로 이주한 함경도 주민들은 감자 녹말을 주로 사용하고 있다(책의 원문과는 달리, 함경도 지방에서는 감자가 많이 나서 감자녹말국수를 만들어 먹었는데 이것이 함흥냉면의 원조로 손꼽힌다. 다만 남쪽에서는 감자 녹말을 구하기가 쉽지 않아 고구마 녹말을 사용했다. 지금도 남한의 함흥냉면은 고구마 녹말을 사용해 면을 뽑는다). 겨울에는 녹말만으로 국수 사리를 뽑고 여름에는 밀가루를 1할 정도로 섞어서 만든다. 녹말을 익반죽하여 국수틀에 넣고 눌러 끓는 물에 삶아진 것을 건져 찬물에 씻는다. 이렇게 만든 사리는 국수 양념을 하여 큰 대접에 담는다. 손바닥만 한 참가자미는 맛이 좋아 회냉면에 주로 썼다. 가자미식해도 유명한 음식인데, 가자미가 귀해지자 가오리나 명태를 냉면에 넣기도 한다.

- 명태를 이용한 순대인 '통심이'가 유명하고, 식해도 많이 해서 먹는데 청호동에서는 이북식으로 만들어 먹는다. 운담절임(성게알젓)은 특별 반찬인데 날로 양념하여 무친다. 얼간고등어는 청호

동의 명물로 싱싱한 얼간고등어를 양념하여 밥에 쪄서 먹거나 간장에 조려 먹는다.

- 도루묵탕도 별미다. 겨울철에 수확량이 많은 알 밴 양미리는 구워서 먹는다. 김치를 만들 때 일반적으로 젓갈을 많이 넣지만 돼지고기나 소고기를 넣기도 한다. 젓갈은 명란젓, 서거리젓, 창난젓, 바다게젓 등을 많이 만들며, 요즘에는 멸치젓과 새우젓도 많이 쓰고 있다. 국은 미역으로 끓인 장국을 먹고, 밥은 잡곡밥을 주로 먹는다. 음식의 모양은 큼직하게 대륙풍으로 만들고 시원스럽고 장식도 단순하여 기교를 부리거나 사치스럽지 않다.
- 떡은 기교를 부리지 않고 소박하고 큼직하게 만들어 구수한 편이다. 찰떡, 인절미, 달떡, 오그랑떡, 찹쌀구비, 괴명떡, 꼬장떡, 언감자떡을 만들어 먹는다.

청호동 주민들이 이야기해주는 실향민들의 음식문화도 흥미롭다.

내 고향이 북청군 만춘리인데, 거기서는 명태순대를 '통심이'라 해서 별미로 먹었어요. 창자를 빼고 녹두, 두부, 돼지비계를 버무려서 넣고 쪄 먹으면 아주 맛있지요.
— 김철섭(남, 60), 대청산악회, 1996. 11. 29.

함흥냉면은 가자미식해를 넣어서 먹는데 맵고 자극적인 음식이죠. 햇떼기식해, 잡곡밥을 먹는데, 이북 음식은 쪄서 먹는 것이 많고, 찰떡을 좋아하지요. 수수로 만든 오그랑(남한의 새알심과 유사한 쌀가루 반죽)을 넣어 먹고, 시루떡도 크게 만들어 먹지요. 함지에다 찰떡을 넣고, 바다풀인 뜸북이(모자반)를 가루로 쪄서 먹었는데, 오징어순대는 배고파서 먹던 음식이에요.
— 박춘원(남, 75), 청호동 함경조선소, 1998. 11. 21.

여기 주로 함경도 지방 사람들이 모여 사니까. 별로 다른 게 없지요. 그저 그대로 살지요. 반찬 담가 먹는다든가, 식해라든가, 김치라든가. 이남에서는 식해 같은 걸 잘 안 하지요. 그리고 회를 생선회로 하는데, 이북에서는 주로 양념해서 생고기를 썰어가지고 버무려 먹는데, 부산 등지부터 딴 데 가보니 양념해서 고기를 버무려 먹지 않고 찍어

실향민 음식

먹더군요.

— 박수길(남, 77), 청호동 노인회관, 1998. 11. 1.

잡곡식을 많이 먹었지요, 이북에서는. 저 산골짝에는 옥수수 같은 거를 먹지만 우리는 해변가에 있으니까 주로 조, 수수, 기장, 피쌀 같은 잡곡을 먹고, 이팝을 좀 먹을라면 생일 때나 명일 때나 차례 지낼 때나 먹었지요. 동짓날 팥죽을 먹을 때 오그랑 넣는 것도 있고요. 이북에서는 사투리로 오그랑이라 하지요.

— 여석창(남, 72), 청호동 9통 1반, 1998. 11. 7.

함경도 음식은 송편은 크고, 찰떡도 크게 잘라요. 뭐이든지 주먹보다 더 크지요. 구정 때는 명태순대를 많이 하거든요. 명태를 아주 큰 놈, 대구만 한 것, 거기다가 뱃속에다 두부도 넣고, 김치도 넣고, 돼지고기도 넣고 여러 가지 양념을 넣지요. 진미예요. 돼지고기도 많이 먹지만 순대를 즐겨요. 동지 때는 수수로 만든 오그랑팥죽을 작게 만들어 먹지요. 그리고 명절 때는 시루떡도 두껍게 해서 먹고, 찰떡도 많이 먹고, 송편, 그리고 수수떡도 해서 먹지요. 수수떡을 벌겋게 해서 먹지요. 뜸북이 같은 걸 말려서 쪄서 먹는 바다풀이 있지요. 이북은 쪄서 먹는 게 많아요. 밥 위에다 놓고 쪄서 먹지요. 그래, 흉년이 되면 산나물 캔단 말이요. 막장에다가 산채에다가 비벼서 오징어 뱃속에 넣어서 먹으면 든든해요. 그게 오징어순대의 시초예요. 배고파서 먹은 게 생긴 시초예요. 물회라는 것도 고추장 이런 게 귀하니까 가늘게 썰어서 막장에다 풀어가지구 된장물만 먹어도 배부르단 말이요. 된장물에 가는 하얀 국수같은 게 들어가니까 배고픈 걸 덜어주지요. 물회하고 오징어순대의 시초는 어부들이 배고파서 허기 채우기 위해서 먹던 음식이라. 보릿고개 넘기는 식으로 말이지요.
— 김호응(남, 66), 전 속초문화원 사무국장, 1978. 10. 3.

함경도 사람이 청호동에 많이 사는데 매운 것, 자극적인 음식을 함경도 사람이 많이 먹는다 말이요. 그러니까 그것, 가자미식해, 함흥냉면도 매운 거란 말이요. 평양냉면은 싱겁단 말이요. 그래, 상당히 맵고 자극적인 음식이 청호동의 특색이 됐단 말이요. 아직까지 유지되고 그것이 상당히 보급이 됐단 말이요. 가자미식해, 햇떼기식해가 유명해요. 남한 사람들 중에 함흥냉면을 모르는 사람이 어디 있어요. 이북 사람들이 자극적인 음식을 왜 많이 먹느냐 하면 기후가 추워서일 거예요. 원래는 냉면은 가오리를 넣는데, 가오리가 없으니까 가자미를 넣지요. 가자미를 넣어서 먹는 게 진짜지요.

— 최용문(남, 65), 전 속초문화원 원장, 1998. 10. 3.

실향민 음식 3
농촌의 보릿고개가 어촌에도 있었다

 지금까지 이야기한 실향민 음식을 정리하면, 함흥냉면(가오리회냉면, 가자미회냉면), 설 명절에 먹는 명태순대(통심이), 가자미식해, 햇떼기식해, 잡곡밥(콩, 조, 수수, 기장, 피쌀, 감자), 찰떡, 뜸북찰떡, 오그랑팥죽, 오그랑떡, 수수떡, 오징어순대, 생선회무침, 순대, 뜸북찜, 물회 등이다.
 함경도 해안지방에서는 풍부한 해산물로 만든 음

식이 발달했는데, 실향민들이 정착한 속초도 이같이 해산물 음식이 다양하고 풍부해졌다. 이북에서 해 먹던 음식들이 자연스럽게 전승해 내려온 것이다. 반면 함경도 산간지대의 음식은 속초의 음식 문화로 전승해 내려온 것이 많지 않다.

오그랑떡 또는 오그랑팥죽은 함경도 지방에서 동짓날 쒀 먹는 팥죽으로, 오그랑팥죽은 표준어로 말하자면 새알심팥죽이다. 오그랑은 새알심의 함경도 사투리다. 강원도에서는 '옹심이'라고 불렀다. 함경도 지방에서는 새알심을 멥쌀과 찹쌀로 빚지 않고 수수로 빚기도 했다.

청호동 사람들이 많이 먹었다는 뜸북은 바다풀인 '모자반'의 사투리다. 뜸북은 국이나 무침으로 먹는다. 뜸북을 밥에다 쪄서 먹기도 하고, 가루를 내서 찰떡 만드는 데 넣어 먹기도 했다.

햇떼기는 '횟대기'라고 쓰기도 하는데 '대구횟대'가 정식 이름인 물고기다. 머리는 크고 몸집은 상대적으로 작다. 동해안 일대에서 많이 잡힌다. 매운탕으로 끓이거나 식해를 담가 먹는다. 햇떼기는 살이 차져서 식해를 담그면 쫄깃쫄깃하고 새콤달콤한 맛이 난다.

함흥냉면의 고명(꾸미)은 그 지방에서 많이 나는

회를 얻었다. 어획량에 따라 가오리에서 가자미(참가자미, 물가자미)로 고명이 바뀌었고, 이제는 명태초무침(명태회무침 또는 코다리무침)으로 쓰고 있다.

2014년 국립민속박물관에서는 『모래 위에 세운 터전 속초시 청호동』을 발행했는데, 2013년 2월부터 9월까지 여덟 달 동안 청호동 아바이마을 현지에서 주민 인터뷰 등을 통해 실향민의 생활사를 정리한 책이다. 여기에는 아바이마을에 정착했던 실향민들의 고달픈 삶과 궁핍한 먹거리에 대한 서술이 빠지지 않고 기록되어 있다.

이 책에 따르면 농촌의 보릿고개가 어촌에도 있었다. 늦가을에서 겨울까지 도루묵잡이가 끝나고 이듬해 2월 말이나 3월 초가 되면 먹을 것이 떨어져가는 시기가 온다. 아직 바다는 조용하여 고깃배가 나간다 해도 큰 수확이 없을 때다. 곡식이 있다면 해초류 등과 섞어 물에 불려 끓여서 죽을 만들어 먹기도 했다. 쌀이 충분했던 적은 없었다. 더불어 그나마 반찬으로 삼았던 김치마저 동이 나면 막막해지기 일쑤였다.

연배가 있는 청호동 사람들은 대부분 밀가루 음식에 질렸다는 이야기를 많이 한다. 그만큼 밀가루를 많이 먹었다는 말이다. 당시 구호물자로 가장 많이 배

분되었던 것이 밀가루였으니 그럴 만도 하다.

김치가 떨어지면 시장에서 염장해 만든 무짠지를 사다가 물에 담가 소금기를 빼고, 어느 정도 염도가 낮아지면 거기에 다시 물을 붓고 고춧가루 등을 넣어 나박김치와 비슷한 물김치를 만든다. 이와 함께 하는 주식은 주로 수제비다. '있는 집'에서 좀 더 곁들인다면 겨울에 소금에 절여두었던 도루묵 몇 마리를 밥상에 올리는 정도다.

현재 속초 청호동의 장년들이 어릴 적 초등학교에 다닐 때 점심시간이 되면 점심을 먹으러 집으로 가는 일이 잦았다. 부모가 일 나간 빈집에서 점심으로 먹을 수 있는 것은 역시 수제비다. 그것도 아침에 끓여두었던 것이어서 퉁퉁 불어 한 덩어리가 되어버린, 그래서 숟가락으로 끊어 먹어야 하는 수제비다. 이처럼 청호동 사람들에게 밀가루 음식이란 '어려웠던 시절'의 이미지로 각인되어 있다.

속초에 정착한 실향민들에게 음식은 생활이 아닌 생존의 수단이었다. 오직 맨몸으로 속초에 정착했던 그들에게는 배고픔을 달래던 밀가루 음식이야말로 대표적인 먹거리였다. 밀가루 수제비는 물론, 밀가루로 만든 투생이(가루를 반죽해서 손으로 뭉쳐 밥솥에 넣고 쪄서 별미로 먹던 강원도의 떡), 명태나 임연수어(새치) 등 값싼 생선을 넣고 장을 풀어 넣은 칼국수 등도 모두 가난한 시절의 음식 문화였다. 힘든 그 시절이 종종 떠오르고 그 당시의 맛이 그리워지는 것은 그때의 고된 삶 속에서도 음식을 나눠 먹으며 정을 나누던 문화에 대한 향수 때문일 것이다.

책을 맺으며
삶의 문화로서 음식 맛 이야기

    속초를 비롯한 이곳 동해안에는 음식점이 참으로 많다. 2018년을 기준으로 속초 지역은 음식점이 2,400여 곳이나 된다. 주민 서른네 명에 음식점이 한 곳이다. 양양은 음식점이 900여 곳으로 주민 스물여덟 명에 한 곳, 고성은 음식점이 590곳으로 주민 마흔아홉 명에 한 곳이다. 우리나라 전체 음식점의 인구당 비율이 예순네 명에 한 곳인 데 비해 영동 지역 음식점이 꽤 많은 셈이다.

    이는 아마도 이곳이 유명 관광지인 덕택일 것이다. 그 밖의 마땅한 산업은 없고 관광객을 대상으로 하는 음식업이 그나마 먹고살기 괜찮은 업종이라는 의미다.

그러다 보니 꽤 많은 지역 주민들이 음식산업에 매달려 있다. 다른 한편으론, 아무리 많은 관광객이 찾아와도 그렇지, 어떻게 이 많은 음식점들이 유지는 될까 걱정이 된다.

시대의 변화와 대형마트의 여파로 그 명맥만 겨우 유지해오던 속초중앙시장이 지금처럼 살아난 데에는 시장 안의 작은 닭강정 가게의 유명세가 큰 힘이 되었다. 죽어가던 속초의 전통시장을 살린 게 바로 간식거리인 닭강정 메뉴 하나였다는 걸 생각하면 먹거리의 위력은 진정 대단한 것이다. 먹거리 하나로 속초의 재래시장이 살아나고 많은 지역 사람들의 생계 유지가 가능해졌다니 말이다.

여타의 유명 관광지가 그렇듯이, 이곳 동해안에도 관광객이 몰리면서 먹거리들 또한 뜨겁게 부상했다. 닭강정은 물론이고 물회가 인기를 끌더니, 값비싼 게찜도 사람들을 끌어모은다. 주말이면 몇몇 유명 음식점 앞에 길게 늘어선 줄을 볼 수 있다. 지역 주민들은 언제 이곳이 생겼나 싶은 식당에 관광객들이 미어터지는 모습을 보면서 그저 어리둥절할 뿐이다. 언제 저 집이 맛집으로 소문이 났나? 어안이 벙벙하다. 인터넷에는 현지인들도 잘 모르는 현지 맛집 정보가 넘쳐난다. 어찌 보면 관광지 지역민들은 매스미디어와 인터넷, SNS에 넘쳐나는 자기 동네 음식 정보에서 정작 소외되고 있는 것은 아닐까 싶다.

그렇다고 지역 주민들이 그 행렬에 동참하기도 쉬운 일은 아니다. 관광객이 몰리는 혼잡한 곳을 일부러 찾아가기도 번거롭고, 관광 유명세가 만들어낸 대량 소비 문화에 익숙하지도 않다. 관광객이 좋아하는 음식 취향과 오래 이곳에 살아온 주민의 일상적인 음식 문화가 다르기도 하다.

「책을 펴내며」에도 적었지만, 이 책은 삶의 문화로서 지역 음식을 이해하고 맛보고자 하는 이들에게 권하는 책이다. 지역 주민들의 옛 기억들이 담긴 만큼 속초, 고성, 양양, 멀게는 강릉까지 영동 지역의 사람들이 두루 과거 자신들의 기억을 더듬어볼 수 있는 책이기도 하다.

또한 이 책은 저자의 노고보다 출판사의 노고가 더 많이 깃든 책이다. 전문가의 손을 빌려 사진을 찍어 싣고, 어설픈 글도 멋들어지게 손봐주셨다. 저자의 애정보다 출판사의 애정이 더 깊다고 할 수 있다. 사진의 게재를 허락해주신 전태극 작가님을 비롯한 여러 선생님들께도 감사드린다.

엄경선

미주

1장 그 향이 사흘이 지나도 가시지 않았다더라

1 東方有比目魚焉 不比不行 其名謂之鰈.
2 정약용『다산시문집』제4권, 한국고전종합DB.
3 정약용『다산시문집』제6권 시「송파수작(松坡酬酢)」의 서문, 한국고전종합DB .
4 허균『성소부부고』제26권『도문대작』, 한국고전종합DB.
5 조선 후기 문신 윤기의 시문집『무명자집(無名子集)』제13책『협리한화(峽裏閒話)』, 한국고전종합DB.
6 다른 말로 어복쟁반이다. 큰 쟁반에 국수 만 것을 사람 숫자대로 올리고 그 한가운데에는 편육을 담아 내놓는 음식으로, 여기서 어복(漁腹)은 소의 뱃살고기를 말한다. 이름에 관해서는 처음에는 물고기 내장으로 만들어 어복(魚腹)이라 했다는 설도 있다.
7 한국콘텐츠진흥원의『문화콘텐츠닷컴』에 게시된 유산기 콘텐츠.『관동록』은 조선 중기 문인 홍인우가 1553년 금강산 등 관동 지방을 유람하고 쓴 일기체 기행문이다.
8 방풍교침홍합해(防風交沉紅蛤醢)는 갯방풍나물을 섞어서 담근 홍합젓, 방풍홍합젓이라고 할 수 있다. 이는 오직 간성군 읍지에서만 확인되는 고성군의 특산이다. 1633년『간성지』를 비롯해 1814년과 1884년『읍지』에서도 이를 한양으로 진상한 것으로 확인된다.
9 멸치의 크기에 따른 이름은 1939년 6월 16일『동아일보』정문기 기고「조선 중요 수산물: 멸치(中)」에서 인용. 1촌을 3센티미터로 환산.
10 『별건곤(別乾坤)』제10호, 1927년 12월 20일 발행, 국사편찬위원회 한국사데이터베이스.

11 학술명으로 양미리는 큰가시고기목 양미리과 물고기로 크기가 10센티미터 이내로 작고 외형 면에서도 우리가 아는 동해안의 양미리와 다르다. 공식적으로는 우리가 아는 동해안의 양미리가, 남서해안에서 잡아 액젓을 담그는 까나리와 동일한 종이라고 한다. 그래서 최근에는 동해안 사람들이 까나리를 양미리라고 잘못 부른다며, 양미리를 '동해안 까나리'라고 쓰는 신문기사까지 등장했다.

동해안에서는 겨울철에 많이 나는 이 물고기를 오래전부터 양미리나 양메리(사투리로는 얭미리)라고 불렀다. 1932년과 1933년 겨울, 당시 신문에서 속초 대포, 강릉 앞바다에서 양미리나 양메리가 많이 잡혔다고 쓴 기록이 있다. 이처럼 학술명이 정해지기 전에 동해안에서는 이미 양미리라는 이름을 쓴 것이다.

남서해안 까나리와 같은 종이라고도 하지만, 동해안의 양미리는 까나리와 큰 차이가 있다. 부경대학교 김진구 교수는 동해안 양미리가 서해안 까나리보다 척수 골수가 더 많고 DNA도 약 7퍼센트의 차이를 보인다고 했다. 크기도 남서해안 까나리는 10~15센티미터에 불과한데, 동해안 양미리는 25센티미터까지 자란다.

양미리라는 이름은 오랜 지역 문화의 산물이다. 같은 종의 물고기라고 해도 서해안 까나리와 분명히 구별되는 이름과 특징을 갖고 있다. 잘못된 학술명인 양미리를 다른 이름으로 바꾸어 혼란을 없애는 게 맞다.

12 「후목어」 중 일부를 싣는다. 원문은 다음과 같다. 關東天下險 / 絶嶺窮海陲 / 隆冬積氷雪 / 棧閣迷蹊遙 / 摧轅與仆馬 / 往往聞僵尸 / 鮮肥縱滿眼 / 輦輸定非宜 / 目也魚之微 / 枯腊黏乾皮 / 雖然易包裹 / 聊用充書儀 / 鵝毛贈千里 / 所重豈在玆.

13 허균『성소부부고』제26권『도문대작』, 한국고전종합DB.

14 같은 책.

15 '말린 가리비 관자'를 중국어로 강요주(江瑤柱) 또는 건요주(乾瑤柱), 건패(乾貝)라고 부른다. 중국 광동성 지방에서는 오래전부터 이를 별미로 귀하게 여겨왔다.

『고려사절요』에 동해안 가리비 강요주 이야기가 나온다. 고려 고종 때 지금의 원산 부근 용진현(龍進縣) 백성들이 무신집권자 최이(崔怡)에게 강요주를 채취해 바치는 일이 고통스러워 도망가는 바람에 마을이 텅 비었는데, 문신 유석(庾碩)이 동북면병마사(東北面兵馬使)로 부임하면서 이 악습을 철폐하는 등 선정을 베풀어 주민들로부터 '어버이(父母)'라는 말을 들었다는 이야기다. 허균은 『도문대작』에서 강요주가 함경남도 북청과 홍원 지방에서 많이 난다고 했다.

가리비는 여러 종류가 있는데, 동해안에서 나오는 가리비는 저수온에서 서식하는 참가리비 종이다. 참가리비는 지금 강원도 양양군 이북 바다에서 양식을 한다. 하지만 일본산 가리비 저가 공세에 밀려 어려움이 많다. 북한에서는 가리비 껍데기가 밥주걱 모양이라고 해서 밥조개라고 부른다. 함경도 출신 속초 실향민들도 고향 바다에서는 손바닥만 한 크기의 밥조개가 많이 난 걸 기억했다.

조선 후기에 발간된 『신증동국여지승람』 등 일부 문헌에 충청도 해안지방의 토산으로 강요주가 나온다. 이 강요주를 꼬막이나 살조개로 번역하는데, 여기서는 가리비와 비슷하게 관자가 큰 조개를 지칭하는 것으로 보인다. 하지만 함경도 북청과 홍원 지방에서 나온다고 한 『도문대작』의 강요주는 동해안 특산인 가리비가 틀림없다.

16 허균, 같은 책.

2장 랭면을 맛보고 애걸하거늘

1 간성군 읍지 중에서 현존하는 것은 인조 11년(1633) 택당 이식이 현감으로 있을 때 편찬한 『간성지』가 있고, 이를 증개편한 읍지로 순조 14년(1814)에 발간된 간성군 읍지, 고종 21년(1884)에 발간된 강원도 간성군 읍지 등이 있다.
2 이하 자료의 원본과 번역본은 고성향토문화연구회 김광섭 사무국장이 제공했다.
3 후대에 발간된 1814년 간성군 읍지에는 '膏脂'가 아닌 '古之'로 나온

다. 동해안에서는 명태나 대구의 정소를 '곤지'라고 불렀는데, 이를 음차해 이두식으로 膏脂나 古之라고 쓴 것으로 보인다. 2007년 고성문화원에서 발간한 『고성군 명태어로민속지』에서 저자 장정룡 교수는 명태의 정소를 의미하는 말로 '곤지'와 '고지'를 함께 사용했다. 국립국어원에 따르면 물고기 수컷의 뱃속에 있는 흰 정액 덩어리인 정소를 '어백(魚白)'이나 '이리'라고 쓰는 게 바른 표현이라고 한다. 하지만 동해안 바닷가에서는 곤지라는 말을 주로 쓰고, 이리라는 말은 거의 쓰지 않았다. 다만 오징어 정소는 '이까(오징어의 일본말 いか)이리'라고 불렀다. 또한 물고기의 정소를 '곤이(鯤鮞)' '고니'라고도 쓰는데, 곤(鯤)은 물고기 뱃속의 알을 뜻하는 말로 정소를 '곤이'라고 부르는 것은 잘못된 표현이다. 곤이에서 파생된 고니도 마찬가지이다. 이런 사정을 두루 고려하여 이 책에서는 물고기의 정소를 '곤지(이리)'라고 주로 적었다.

4 탈북 요리연구가 이애란의 『북한식객』에서 소개하는 이야기를 정리했다.
5 북한에서는 명태식혜가 표준어(문화어)인 반면, 남한에서는 명태식해를 표준어로 쓴다.
6 『강원의 맛, 김치: 강원김치 50선』, 강원도농촌진흥원 2004.
7 『산가요록』에 있는 '어해(魚醢)' 조리법 번역은 네이버 지식백과에 게재된 『한국 종가의 내림 발효음식백과』(2014)를 인용했다.
8 2012년 KBS 특집기획 〈슈퍼피쉬: 스시 오디세이〉.
9 식해 문화는 우리 지역 문헌에서도 확인된다. 인조 11년(1633) 편찬된 『간성지』에는 연어식해와 전복(生鰒)식해, 황어식해, 도루묵(銀口魚)식해, 홍합식해를 임금께 진상했다는 기록이 나온다.
10 『임하필기』 제27권 「춘명일사(春明逸史)」 편, 한국고전종합DB.
11 제보자: 김철섭(남, 60), 1996. 11. 29. 대청산악회.
12 『세종실록지리지』 강원도 양양도호부(襄陽都護府) 편, 한국고전종합DB 재정리.
13 실학자 성호 이익은 『성호사설』에서 강원도 소개글에 소금 생산을 비중 있게 다뤘다. 그 글에 실린 동해안 소금 관련 내용은 다음

과 같다. "소금을 굽는데 소로 갈고 햇볕을 쏘이고 소금가마를 만드는 것 등의 일은 하지 않고, 곧바로 바닷물을 쇠가마에 퍼부어 많은 소금을 구워낸다. 농도(濃度) 등은 서해의 소금과 다름없으나 다만 맛이 약간 못할 뿐이다."(이익 『성호사설』 제8권 『인사문人事門 생재生財』, 한국고전종합DB)

14 『조선왕조실록 성종실록』, 한국고전종합DB.
15 이런 내용은 영조 16년(1740) 채지홍이 쓴 『동정기』에 나와 있다.
16 온유비(鰮油肥) 공장은 정어리(鰮) 기름과 비료를 만드는 공장을 가리킨다. 일제강점기 때는 온유비라는 말과 멸치를 뜻하는 약(鰯) 자를 써서 약유비(鰯油肥)를 혼용해 썼다. 심지어는 멸치를 온(鰮) 이라고 쓰기도 했고, 정어리를 약(鰯)이라고 쓰기도 했다. 그러다가 1940년대 들어 정어리는 온(鰮), 멸치는 약(鰯)으로 구분했다.

3장 바다와 함께 울고 웃다

1 『증편 한국구비문학대계 2-13 강원도 고성군』 58면; 『고뿔은 강릉 이통천네 집으로 가거라』, 한국학중앙연구원.
2 『속초시정 50년』 하권 748면.
3 제보자: 김호웅(남, 66), 1978. 10. 3. 속초문화원 전 사무국장.
4 「伯坡 別味여행, 束草오징어순대」, 『조선일보』 1986년 8월 3일자 6면.
5 『중앙일보』 1997년 9월 20일자 맛집 칼럼.
6 김훈수 「오징어」, 『한국민족문화대백과』 웹사이트, 한국학중앙연구원.
7 1965년 어항 풍경은 『속초시정 50년』 하권 645면의 당시 언론보도를 인용했다.
8 『목은시고』 제14권, 한국고전종합DB.
9 『관동읍지』 양양도호부 편에도 연창역에 대마가 34필, 복마가 84필, 역리가 321명, 남자 노비 23명, 여자 노비 10명이 있다고 했다. 실제

로는 훨씬 적은 인원이 근무했다는 기록이 있기도 하다.
10 「실향민 대표음식 오징어순대, 아바이순대」,『속초의 문화상징 50選』, 속초문화원 2014.
11 『별건곤』 제9호, 1927년 10월 1일 발행, 국사편찬위원회 한국사데이터베이스.

사진 출처

30면 고성 천진호에서 찍은 순채. ⓒ 김안나
64면 2015년에는 고성군 대진리에 도루묵 알이 밀려 들어와 온통 백사장을 뒤덮었다. ⓒ 전태극
274면 2016년 제4회 속초 장롱사진 공모전 동상 수상작인 김용갑의 〈1970년 친구들과 소풍〉. 바위 위에 솥을 걸고 섭죽을 끓여 먹으며 놀던 모습을 생생히 볼 수 있다. ⓒ 속초문화원

72, 136면 ⓒ 엄경선
121, 213, 224, 236, 241면 ⓒ 김준연
24, 42, 54, 157, 169, 182면 ⓒ 성지희

동쪽의 밥상
동쪽의 바다와 사람에 관한 이야기
엄경선 지음

ⓒ 엄경선 2025

초판 1쇄 발행. 2020년 11월 23일
개정판 1쇄 발행. 2025년 9월 5일

ISBN 979-11-989640-7-6 02810

온다프레스
24732, 강원도 고성군 간성읍 남천길 24
팩스. 0303-3443-8645
이메일. onda.ayajin@gmail.com
인스타그램. @onda_press

* 이 책 내용의 전부 또는 일부를 재사용하려면 반드시
  저작권자와 온다프레스 양측의 동의를 받아야 합니다.
* 책값은 뒤표지에 표시되어 있습니다.
* 본문 내 수록된 노랫말은 한국음악저작권협회를 통해
  이용 허락을 받았습니다.